有溫度的溝通課

透過聲音理解對方的思維慣性
使你的表達真誠有力量

小虎老師
羅鈞鴻 著

各界推薦

★「我曾邀小虎夫婦到住家的交誼廳一聚，小虎聲如黑膠般立體，眾人驚異！他至少有三好，嗓音好，教嗓音的功夫也好，把這些功夫集結成冊也寫得好！」

——醫師、《人生路引》作者／**楊斯棓**

★「每次聽到從小虎老師口中說出的我，都會比我以為的自己更好。他總是能看到每個人美好的一面，並且告訴對方，在這個世界上有這樣的聲音真好！而還願意分享這樣的方法，更是好！」

——Mr. voice 陳威宇歌唱教學系統創辦人／**陳威宇**

★「有時溝通的困難，來自我們太常關注話語，而非他人與自己。讓這本書幫你照顧自己，理解他人，創造美好連結。」

——溝通表達培訓師／**張忘形**

★「小虎老師是我認識的人當中最有趣、最溫暖、最懂得說話藝術的專業人士。」

——商業思維學院院長／**游舒帆 Gipi**

★「溝通是與消費者之間產生默契的利器，而小虎老師的教學內容，不僅實用，更是可以讓自己成長的絕佳幫手。」

——廣告樂血研究院院長／**Wawa**

★「認識小虎老師是在聲音表達的課程中，很喜歡小虎老師對每個學員聲音開發的用心與專注，相信這本集結經驗與專業的出版，可以幫助許多人更能從語言和聲音來認識自己！」

——諮商心理師／**吳姵瑩**

推薦序

讓宜人的溫度，成為你的溝通優勢

——周震宇（聲音訓練專家）

在佛教故事中，地藏王菩薩有一隻神獸座騎，名為「善聽」（或稱「諦聽」）。

善聽的外型是虎頭、獨角、龍身、獅尾、麒麟足，右耳向下、左耳向上，擅長聽世人的聲音——既聽人嘴巴發出來的聲音，也聽人「心」的聲音。

善聽，聽出言下之意、聽出對方心裡面的聲音，是溝通力的首要條件。

人世間大多數的溝通不良，正是因為「懂聽」的人太少、「不善說」的人太多。

我們總以為只要奮力表達、充分表達、鍥而不捨地表達，對方就應該會被打動、被說服、按照我們的想法行動，殊不知，我們正是《伊索寓言》裡跟太陽較勁的北風，說得越多，別人越不想接收，「言值」掉價，溝通無效。

看到「先聽懂，再開口」這六個字出現在小虎的書封上面，我心裡生起歡喜，如此平凡的兩句話，道盡了他對溝通這門藝術多年鑽研之後的透徹理解。

十七年前，小虎還是個青澀的大學生，在一場演講中聽到了我闡述「人聲之美」，動心起念想成為配音員而來找我學習，卻萬萬沒想到在他退伍之後，我宣布退出配音圈，決定專心走教育訓練這條路。當我以聲音表達講師身份四處授課時，也同步在思考傳承這件事，可惜一直沒有理想的人選。小虎的出現，讓我看到年輕時的自己，那麼純粹、那麼熱血地投入聲音的練習，幾經討論，他慎重的做出了成為一名聲音教練的選擇。

師徒關係，是人世間很美好的緣分，因為小虎，我收穫了身為「師父」的幸福。上山拜師學藝，學成了自然要下山闖江湖，在經歷了上千場演講、授課的磨礪後，他已然成為神形兼備、德術兼修的教學者，說巧不巧，他的賢內助慧玲也剛好出現在他生命中，於是，他們夫妻倆一起創立了「聆韵企業管理顧問有限公司」，開始了屬於他們的英雄旅程。英雄旅程讓小虎變得成熟、勇敢、堅強，而真誠、溫暖、為人著想的特質則始終沒變，這本書的字裡行間，充滿著他一如春日暖陽的個人風格，總是帶給人們希望感與安全感。

《三國志・蜀書・馬謖傳》裴松之注引〈襄陽記〉：「夫用兵之道，攻心為上，攻城為下。」若把溝通視作攻防，雙方沒有犧牲、不起衝突，是最理想的境界，學習如何「攻心為上」，和平圓滿的解決問題，當然是很有用的。

然而，我的老師，也是小虎的老師——已故的英國曼徹斯特大學哲學博士陳怡安教授不斷提醒我們：「溝通，不是為了決裂，而是為了建立有意義的關係。」為了建立、照顧我們生命中有意義的關係，溝通就不是攻防了，而是人與自己、人與他人互動的智慧，所有溝通智慧凝聚起來的關鍵字就是「溫度」二字，要讓溫度落實在溝通裡，開口前善聽他人的心、細膩地整理自己內在的小聲音，再好好開口說話，便是值得擁有的能力。

且讓小虎以柔軟又不失力量的文字，陪著你「緣溪行，忘路之遠近」，慢慢領略如何讓宜人的溫度成為你的溝通優勢，為你自己創造出豁然開朗、怡然自樂的人際桃花源。

推薦序

聲音教學的淬鍊

——謝文憲（企業講師、作家、主持人）

「您們前面上過什麼課程啊？」我問。

「丙成老師、福哥、滄碩，還有小虎老師的課程。」台大簡報課的學員回答著。

是的，這是台大簡報課的講師陣容，也是葉丙成教授一手建立的大學簡報殿堂。

我跟小虎老師認識，是在二〇一四年的「超級簡報力」課程，他是這堂課程的助教，那時的他，青澀、有禮，八年後的他，已展現大將之風。

我在企業內訓五連戰後的周日凌晨看完書稿，我想分三個層面介紹本書與作者。

見自己

小虎的條件很好，個子高、人帥、聲音好，這世界有時正是如此，你以為所有好牌都在同一人手中時，他背後的努力與付出，反而不為人知。我大多對小虎的認識，都是從他的恩師：周震宇、馬可欣老師這裡得來。

小虎非常清楚自己的天賦，更重要的是，沒有浪費或濫用自己的天賦，在聲音的教學與深化上，持續精進與努力。

見牽手

有回我跟小虎的妻子慧玲，在某次讀書會中相遇，慧玲跟我說到小虎的好，年輕夫妻攜手創業，絕不是件簡單的事，她也提到某些辛酸，但我在慧玲眼中看見的是幸福。

她稱讚小虎的努力，工作與生活上的努力；她稱讚小虎的決心，事業與生孩子的決心；她稱讚小虎的聰明，掌握天賦與深化應用的聰明。無論小虎夫妻，或是震宇夫妻，都是我很羨慕的神仙伴侶，他們在工作與生活上的同心協力，讓我欣羨無比。

從他們訓練出來的工作夥伴：大學生馥瑄，可以在憲哥舉辦懷念父親的「說出影響力－青年版」中奪下佳績，就能知道他們對聲音表達的專業與水準。

見專業

這本「有溫度的溝通」，完整點出了聆聽的重要性，正如小虎的公司「聆」韵企業管理顧問，從「聆聽自己與他人」的角度切入，探討發出聲音的內在覺察、配合慣性的有效對話，用聲音表達來認識自己，建立自信，發出自己喜歡的聲音，更能找到喜歡自己的聲音，並能透過聲音增進同理，理解他人。

書中我最喜歡的片段有四：

1. 說話，是一種邀請
2. 把好緊張，變成「好的」緊張
3. 如何化解溝通衝突
4. 減少冗詞贅句的日常練習

好書的內容，就讓各位細細品味吧！

最後，我指導過400位高階職場人士進行「說出影響力」的公眾表達演講，其中不乏許多名人，統整出三個結論：

1. 聲音是可以透過學習改善的，但必須找到正確的方法與持續練習。
2. 你說什麼（內容），一開始不會有人注意，而是你如何說（說法），才容易贏得關注。
3. 表達，是職場最不公平的競賽，值得您投資終身的努力，且一輩子受惠。

希望大家喜歡這本書，我誠摯推薦。

推薦序

「找到真正屬於自己的聲音」

——葉丙成（台大教授／無界塾創辦人）

自從十幾年前開始在學校開設簡報課程，我是有很多關於簡報的東西可以教，但始終有一樣是我很苦手的：聲音表情的表達力。坦白說，甚至在一開始的時候，連我自己都不知道聲音表情的表達力有多重要。一直到了八年前，我遇見了小虎。我邀請他來台大演講，談聲音表情的表達力，我聽了以後驚為天人。那時候才知道，原來這是多麼重要的一個能力。

在那之前，我的演講都是從頭嗨到尾的模式，我以為只要從頭到尾展現自己的熱情，就是一場很成功的演講。但自從聽了小虎談聲音表情的表達力之後，我才知道那不是最好的表現方式，而是要隨著要表達的內容還有情緒，用不同的聲音去傳達，效果會更棒。

於是我便開始試著在我的演講中運用這樣的技巧，那段期間剛好是我在台灣各地向中小學老師、家長演講的時候。我發現運用了這樣的技巧，讓我的演講更能打動我的聽眾，而且聽到最後還能神采奕奕，而不是被我以前那種從頭嗨到尾的模式搞到精疲力竭。

於是這些年來，我也都會邀請小虎老師來我的台大簡報課，跟我們的學生分享聲音表情表達力的技術。隨著每年小虎來我課堂分享，我也在台下當學生，我發現小虎每年在這門技術上都有發展出更深刻的論述與變化。小虎已經是這領域少數的講師，但他仍持續精進發展新的理論，這真的讓我非常佩服！

這次小虎將他多年來的領悟撰寫成書，我拜讀之後非常驚豔。這本書含金量極高，裡面有許多高手自己隱約有感、但卻無法形諸文字具體說明的概念。小虎把這些概念說得極容易了解，這真的非常不簡單！特別是在這本書裡面，小虎在談的已經不只是外在表象的聲音技巧，而是更深入去探討聲音的表達力跟內在的情緒、自我期待的關係。尤其是當小虎談到如何讓你在表達的時候，能夠達到內外一致的狀態，讓我不禁拍案稱是——這跟我自己這些年做的數百場演講的經驗，非常吻合。

這是一本能夠幫助你重新檢視自己的好書，透過小虎這本書的引導跟案例，更能幫助大家看到自己表達的真正問題。期待你也能因為這本書而往「內外一致」的表達境界，更進一大步！

推薦序

用說話，將「願景」轉化成「理念」

——李崇義（長耳兔心靈維度創辦人兼講師）

在認識小虎老師（鈞鴻）以前，我先認識了他的太太慧玲。她曾來到長耳兔心靈維度上了好幾次工作坊，我對這個年輕女孩子反覆來上課覺得好奇，因為她年紀輕輕卻不失禮貌，講話落落大方，另一方面，慧玲上課時也相當專注、投入。

後來慧玲帶著先生小虎一同來上課，我才發現這一對金童玉女外型俊俏、亮麗，相當登對。在與小虎談話時發現他說起話來中氣十足，抑揚頓挫，讓人覺得與之談話相當舒服。

那個時候我才知道，原來小虎是個身經百戰，從業十幾年的資深溝通表達講師，無怪乎他在課堂裡分享的時候，他的聲音瞬間抓住班上其他同學的眼光，讓人耳朵舒服的程度像是懶懶地坐臥在大沙發上，啜飲著香醇的威士忌。

如果你專心聽小虎的演講，你會發現他講話的時候眼神專注不飄移，聲音沉穩緩慢不急躁，肢體輕鬆不緊繃，他的聲音似乎就代表了他心內真實的想法，所以聽者會感受到他聲音裡的一股真誠，沒有矯揉造作之感。

這樣的說話方式令人羨慕，現在大家終於可以透過小虎的文字來學習他講話的技巧了。

我很認同小虎在書裡談到，當說話的時候我們心裡要有一個「願景」，這是我們想要表達的一個目標，讓聽話的人明白我們心裡想表達的期待與觀點，透過聲音的力量緩慢的傳送到對方耳朵裡。我們利用語言將這個「願景」轉化成一種「理念」，並且可以留意身體釋放出來的非語言訊息，這個也透露出我們內在的一種「態度」。

以前很多人會問我要如何學習英文，怎麼將英文口語練得跟英美人士講話一樣。我的做法就是無時不刻練習每一個句子的各種腔調，儘量試試看同一個句子可以怎麼發音，可以怎麼用英國腔、澳洲腔來做變化，藉此來模擬多樣的聲音風貌。沒想到，這個方式跟小虎在書裡提到「用玩的心態練習說話」有異曲同工之妙，在不同的情境裡模擬不一樣的場景、人物說話方式，用腦袋切換每種角色的樣子，這時候你會自然而然進入到想像中的角色，情緒也會瞬間轉變。透過一種遊戲的方式讓身體放鬆，以玩樂的心態來練習，才能達到更好的效果。

很多時候我們在溝通時會忽略了自己內在的感受，導致講話的時候被內在的障礙干擾了，小虎形容這是「表達焦慮的背後是不自信」，如果可以多一點覺察自己，在講話的時候可以放慢，增加一些停頓，我們在說話的時候就會跟自己產生連結感，也可以同時與對方在同一種溝通的頻率上。

「開口說話，是為了與他人連結；停頓，則是為了和自己連結。」這句話說得非常有道理。大部分的時候我們劈里啪啦地夸夸而談，會陷入到一種不自知的無意識狀態裡，聲音自然產生疏離感，聽者也會漸漸失去專注力。能夠與他人產生良好連結的談話者，勢必能夠與自己有很好的連結。

小虎老師的這本「有溫度的溝通課」涵蓋了對自我的覺察、對語言的表達技巧、有效談話方式到如何化解衝突，我認為對於害怕上台、恐懼公開講話、甚至與人對話有障礙的朋友相當有幫助。

推薦序

溫度為溝通帶來巨大的能量

——余懷瑾（仙女老師）（《仙女老師的有溫度課堂》作者）

我曾經當過小虎一堂課的學員，他一開口就讓學員驚呼，天籟啊！怎麼會有這麼美妙的聲音，令人嘆為觀止。我想他必定下了很深的功夫，十年磨一劍。就在小虎邀請我寫推薦序後的沒幾天，在家附近散步與小虎和慧玲不期而遇，我們索性站在路邊聊起來，還拍了張合照。回家的路上，我還是沉浸在相遇當下的美好，感覺上是笑著走回家的。這正是會溝通的人帶來的魅力，讓你神往，小虎和慧玲都是。

小虎在書中自我揭露，他也曾覺得自己不夠好，缺乏自信，「冒牌者症候群」上身。這讓我回想起以前的我，是個能不上台就不上台，能不說話就不說話的人，恐懼是主因。

我考過公立高中教師甄試，一所一所的考，考到第十所學校，主考官告訴我，「余老師，你教得很好，但是你的眼睛沒有看著台下的觀眾。」觀眾只有三位，三位都是考官，考試的壓力更讓我緊張得要命，精力放在克服緊張，而不是好好地呈現自己的教學。之後一年，我要求自己每一次上課要看著學生眼睛說話，甚至也會走近學生，眼神不閃躲，真心的微笑，提問與互動。隔年，我考上教甄，四目相接的溝通才能夠說進心坎裡，傳遞溫度。克服心魔後的我，教學更是如魚得水。

然而，我接觸過許多學員，不論年齡大小或地位高低，仍深陷在別人比我好，我不如別人的困擾，看不到自己的優點，缺乏自信，不敢目視對方對話，這讓我很心疼，這也跟昔日學校教育有關，一味求同，不敢說出內心的想法，久而久之，也就隱藏了真正的自己。畢竟差異化才能帶來價值，才能被看見。小虎帶著讀者認識自我，接納自我，內在圓滿俱足給自己帶來能量，也給溝通對象極佳的第一印象，為溝通打地基。

聲音反應出人們的內在，書中將聲音「快、慢、冷、熱」四種感覺，區分為四種溝通類型，「重規則」，「重創意」，「重結果」，「重關係」，透過表格與圖像方便讀者理解。當我們了解聲音透露出來的訊息或弦外之音，也就能夠在短時間內辨認出對方的個性，採取相對應的溝通策略，建立正向的連結，找到合適的話題，就連閒聊都覺得有趣。不只如此，還能敏銳的覺察出衝突即將發生，找到解決的方法和步驟。我依據問卷找出我的溝通慣性，「重創意」和「重關係」，跟算命很像，做完測驗會有「太準了」的驚喜感，也難怪我常常說做人要有溫度，唯有溫度，無可取代。

小虎有溫度的溝通課，不是紙上談兵，而是他長期教學與生活的實戰守則。誠摯的邀請你一起說話有溫度，溝通有神助。

推薦序

說話，就是找回自己內在的真實

——何則文（文策智庫執行長）

我從小就被認為是「很會說話」的人，舉凡演說、辯論比賽等等，我都常常參與。過去我也非常自豪於自己的思緒敏捷，總是能侃侃而談。有一次團隊工作簡報，我被夥伴提醒：「則文，你講得很好，但是你的語氣跟語調太急太快，會給人一種壓力的感覺。」我才發現原來我的聲音需要改變，但我也一直不得其門而入，常常還是會被說講話太急太快，給人心浮氣躁的感覺。

很開心這幾年我有機會認識小虎老師，讓他成為我的聲音教練。上過小虎老師實體跟線上的課程，我才發現聲音不只是聲音，更是我們對世界的一種反饋，體現我們內在的感受的渠道與平台。過去我常常認為，聲音這件事情不過就是學發音而已吧，就是去了正音班；然而，經過小虎老師的指導，我才知道聲音更多的是我們內在的反映。

談到溝通，大多數的人只會想到怎樣說服或者怎樣講出，這些「輸出」的事情。但是在溝通前，我們應該知道的是：最核心的宗旨是如何讓對方了解我，我也了解對方。小虎老師告訴我們，在講話前，我們要先自我對話，覺察跟了解自己真正內在的渴望與感受。知道自己的期待跟目標是什麼，才能更好的讓對方知道。

我聽過很多教人說話的，會提出一些假說。比如領導者要有氣勢，女性要溫柔婉約等等；然而小虎老師卻告訴我們，我們應該要找回自己原本的樣子，找回自己內在的真實。我們的文化中太多是為了符合社會跟大眾的期待，而演出一場戲，但當這個內外的一致性崩解時，我們自然不會快樂。

小虎老師的教導不只是單純的談論怎樣有好聽的聲音，更多是怎樣活出真正的自我，怎樣找到自己內在最深層的聲音。傳達真心，真誠地說話，才能找到幸福的鑰匙。我想這是小虎老師他與眾不同教學的珍貴寶藏。

這本書中，談的不只是方法，更是心法——怎樣認識自己，怎樣真正有感情地表現自己內在，用正向積極的方式傳達自己。並且不單單是表達自我，更要理解對方的需求，讓彼此透過溝通更了解彼此。

因為認識了小虎老師，有機會上過他的課程，我從原本講話高亢尖銳，開始學會找到內在自我的平衡，學會怎樣將講話變成邀請。後來也開始有人說：「則文，你講話很有溫度跟情感，很激勵人心。」而現在透過這本書，你也可以跟小虎老師產生正向的連結，學習到他十幾年來積累的說話功力，成為更好的自己。

作者序

我不做配音員了！踏上教學之路

你好，我是「聲音教練」羅鈞鴻，因為生肖屬虎，大家都叫我小虎老師，或虎哥。

在課堂上，往往時間都是留給教學內容，很少有機會講自己的故事，所以我想藉著這個機會，跟你分享我成為一個教學者的歷程。

其實一開始，我並沒有把教學這件事當作自己的主要目標。

二〇〇六年，我二十歲的時候，在我就讀的實踐大學聆聽一場演講，認識了我的聲音啟蒙者——周震宇老師，當時他是一位知名的質感配音員，在講台上用著相當有趣的方式授課，教學內容又十分實用，聽完我的眼睛都發亮了。

我的同學告訴我：「嘿，我在那個人身上看到你未來的樣子耶！」我就決定在演講結束後向老師詢問他的授課資訊，才知道原來老師在實踐大學開設了一門選修課「初級／進階廣告戲劇配音班」（後來我們都稱之為「實踐配音班」），而我也剛好對配音員的工作充滿興趣，就在下一個學期選修了這門課，跟著老師學配音。

練習的過程一開始很有趣，開發聲音表情的練習像是在玩遊戲一樣，讓人覺得自由奔放，看見自己原來還有很多可能性；但後來開始進入配音實務之後，就變得很辛苦了。有時自己覺得好的感覺，不見得就是案子需要的，像是當我們用線上課程旁白來做練習時，很容易把專注力放在讓咬字很清晰、音色很優美，不過線上課程更需要的其實是親切但直接的指引，讓人一步一步照著指令學會複雜的軟體操作。

當時，我每天都會花至少四小時的時間，在電腦前反覆的錄音、重放，追求技巧上的精進，有時候甚至會花八個小時在電腦前練習，現在想起來覺得年輕真好，那種很不聰明的自我練習方式有太多改善空間了。不過因為認真的態度有被老師注意到，所以在學生時代，也有幸因為老師的介紹，獲得一兩次配音的工作，算是嚐到了不少成就感。

大學畢業入伍後，我也時常練習。當時我在陸軍儀隊服役，長官知道我有在練口條，還因此派給我懇親會表演司儀的工作。

二〇一〇年我終於退伍，跟周老師也有整整一年沒見面，只有透過網路看到老師的開課資訊。為了能在退伍後銜接上配音工作，我鼓起勇氣約老師見面，想詢問老師是否有相關工作機會；剛好老師也說有一些工作的計畫想跟我聊聊，讓我心裡充滿期待。

沒想到，見了面周老師告訴我：「小虎，我不做配音了！」我聽了心裡是晴天霹靂，忽然失落起來，心想：「那怎麼辦？我花那麼多時間學配音，結果能帶我入行的老師不幹了，那我到哪裡找機會？」當時要成為全職配音員並不容易，即使積極地自我推薦，也要等很久才會等到一個機會，而配音老前輩的口頭推薦，卻能讓一個新人在各大錄音室變得搶手（當然前提是要先具備相關能力）。

我故作鎮定地問：「那老師不做配音的話，要做什麼？」周老師說：「我跟你師母可欣老師現在全心全意做教學！」在我的人生藍圖裡，我也想過將來會從事教學，但應該會是在三十五、六歲的時候（寫這本書的年紀），也就是在我對自己的專業能力有一定的自信，並且也有自己的一套系統之後才會進行的計劃。

「喔！原來是這樣！」我的語氣替老師開心，心裡卻還是不免感到難受——只覺得老師一直在往前奔馳，自己已經看不到他的車尾燈了。

這時候，周老師忽然身體前傾，用認真的眼神對我說：「所以，小虎，我覺得你很認真又努力，長得……也滿帥的，要不要當講師？」

咦，長得帥是當講師的條件嗎？實在很不想倚靠外表，不過我也不想辜負自己投入的努力，便一口回答：「好啊，我試試！」並在日本料理餐廳裡簽下了一份講師合約。當時我快滿二十四歲，算是講師界最年輕的新人。

教學的使命——身為「教育者」的重量

在很年輕，又缺乏社會歷練的狀況下成為講師，實在不是一個很值得複製的經驗。

我認為一個好的教學現場，必須在教學者擁有「餘裕」的狀況下，才能讓學習效果最大化，也才能帶給學習者感動。但當時的我光是要背下周老師講過的內容再轉述，就已經費盡全力。

從專業能力來看，當時我雖然對背下的演講內容有一定掌握度，但光是要演示就耗盡全力，也就沒有餘裕配合學習者的程度和性質進行調整。從社會歷練來看，也因為我無法站在學習者的角度思考，所以演講的內容基本上都長得差不多，甚至有時我根本無法理解學員提出的問題，更不用說給出令人滿意的答案了。

對當時的我而言，成為教學者是件讓我充滿疑惑的決定；但我仍想堅持下去，看看自己能走到哪裡。

我一開始的案源都來自周震宇老師，當校園單位想邀他去演講，他時間無法配合，或是覺得適合讓我練習時，就會推薦我去。

為了隱藏自己的不自信，我當時都盡可能接大型的演講。雖然面對眾多目光令人害怕，但大型場合相對遙遠的距離，讓我可以透過演出，讓自己看起來很有實力，也不必靠近學員，讓他們有機會看見我的不足。

隨著一場又一場的「演出」，我開始越來越熟練，能夠偶爾來一點變化，或是改成自己的風格來講述。就在我感到稍有餘裕，開始享受舞台之後的某天，我在臉書收到了一位學員的訊息。他告訴我：因為我在課堂上分享的故事和小技巧，幫助他跟自己的家人改善了關係，所以特別傳訊息來感謝我。

直到那時，我才頭一次感受到身為一位教育者的成就感與重量。於是我下定決心，要把這份工作看得更加嚴謹，要為自己說的話負起責任，也要利用好不容易得來的餘裕，讓自己往台下靠近，去幫助更多人。

從「外在技巧」，到「內在感受」

剛開始講課的時候，我傳授的都是外在的技巧。但因為年紀輕輕就當了講師，親身經歷過那種極度不自信的感覺，我便不再用講台這條線將自己和學員區隔開來，開始靠近聽眾。我發現這些人生經驗都能很好地幫助到需要的人，這也讓我逐漸往內在去研究：**我們在發出聲音前，到底心裡發生了些什麼**。

後來我發現，幫助學員整理內在感受，可以讓他們突破許多以往教學方式無法突破的關卡。例如過去在進行聲音的延展性訓練時，我們會在課堂上發出比較大的音量，或是展現比較高強度的情緒，有些學員很努力練習，但就是放不開。後來，我們開始著重於整理內在感受，當學員知道自己為什麼要發出聲音，找到了開口表達的「動力」時，他們會很驚訝：原來自己的聲音在擺脫束縛之後，可以這麼多變，這麼自由。

學員在學習時，有時明明理智上想要迎接新的改變，但無論怎麼練習，身體就是沒辦法做到，無法自由地發出聲音，這會讓人感到很沮喪。不過教練的身分能讓我陪伴學員，去看見自己內在感受上的矛盾，並且解開那個只有自己可以觸碰的糾結。

原來，在我們發出聲音之前，其實內在都很熱鬧。聲音只是一個現象，要能很好地控制聲音，不能只靠外在的技巧和肌肉的控制，更重要的是**順暢的內在溝通**。我發現陪伴學員去梳理自己的內在，不僅是我的天賦，也是我身為周震宇老師大徒弟的一種責任。我認為徒弟的責任不只是傳承精神，更要因應時代發展系統，所以我最終決定以「聲音教練」來自我提醒，希望自己能不忘教學使命。

雖然當講師的時候，在舞台上得到響亮的掌聲會很有成就感；但當教練的時候，得到的往往是一種很安靜的回饋。當你看著學員的眼神閃閃發亮，你知道他們從自己身上看見自己很棒，願意相信自己無所不能時，那種成就感會讓教學者更有動力繼續去給予，我想這就是「成就自己」與「成就他人」的差別吧！

謝謝你看完我的自我介紹，接下來，我想藉由其餘的章節，帶你看看我們在發出聲音前的內在變化，學會將這些內在轉化的方法應用在生活中，提高人際溝通的品質，並讓你的聲音更好地代表你。

前言

聆聽自己的聲音，讓改變由內而外發生

「聲音教練」是在做什麼呢？大部分人聽到「聲音」教學時，會先聯想到「歌唱」教學，覺得我們是在教人家練發聲、共鳴；有些人會想到「正音班」，覺得我們是專門在矯正人們的咬字發音。

甚至，我第一次見到我太太慧玲的阿婆（客家人對祖母的稱呼）時，我告訴她，我的工作是教說話，她很納悶地問：「啊說話不就每個人天天都在做的嗎？那這是要學什麼？」

我不是在教唱歌，也不是專門做咬字發音矯正，而是幫助人們透過自己的聲音，更好地表達自己。

如果我們把表達比喻成料理，你的說話內容，是料理的食材，而你的聲音，就是食物呈現的模樣。當你要上一道黑鮪魚握壽司給客人吃，客人應該會很期待黑鮪魚經過妥善處理；但上菜的時候卻發現，這個握壽司彷彿被大猩猩捏過，歪七扭八的，客人品嚐的意願就會降低。

當然，有些人願意花錢吃，是因為本來就知道黑鮪魚的營養價值；但如果這道料理的賣相更好一點，不就能夠讓更多人也願意試試，並認識到黑鮪魚的美好嗎？

每個人都會有溝通的需求，但在過去，聲音的表達很容易被人們忽略，造成許多的遺憾。例如，有些人說話音量實在太小，時常因無法確實傳達而困擾，甚至讓人感到不耐煩；有些人的聲音不夠悅耳，即使內容很好，卻時常讓人想儘快結束對話；有些人的聲音傳達不出情緒，總是讓人誤會真實的心意。

想像一下，如果你要上台教學，你花了很多時間準備資料、學習豐富的教學手法，也設計了許多有趣的課程互動，覺得自己已經準備好大展身手，但卻在說話時因為自己的聲音不耐聽，導致學生的學習成效很差，你會不會感覺很冤枉呢？

慶幸的是，這幾年來，有越來越多人意識到聲音的重要性，對於學習的需求也開始增加。有些人希望能讓自己的聲音更有魅力，讓人樂意和他談話；有些人希望能讓自己的聲音更有自信，一站上台說話就能 Hold 住全場；有些人則是想讓聲音更有表情，能夠用生動的話語教學、銷售，或是將他的理念推廣給更多人；有些人則希望能用自己的聲音帶來更多影響力，呼籲他人一起透過行動改變世界。

然而，在教學的過程中我也發現，要讓學員的聲音有好的改變，並不是一段簡單的過程。因為每個人即使遇到一樣的問題，都可能需要完全不同的解決方法。例如，很多人都有聲音太小聲的問題，有些人無法放大音量的原因，是出於對自己沒有自信、認為自己不夠好，所以潛意識不敢表現自己；就算腦袋想著要大聲說話，身體也會抗拒這個想法。

而有些人音量太小的原因，則是因為過往的創傷經驗導致的，像是小時候大聲說話時被長輩過於嚴厲地斥責，或是被同學取笑羞辱等。當他潛意識裡害怕再次受傷害，就無法知道自己正在抗拒發出聲音。

要幫助人們練出音量，並不是單純灌輸給他們各種正面的想法，大喊一聲「解放吧！」就可以完成。而是必須要陪伴著他們，在發出聲音的過程中去聆聽內心的小聲音，找到問題根本的原因，才能夠真正地解決問題。

我們的聲音，都和內在的心聲有著密切的聯繫，能夠順暢地進行內在對話的人，發出的聲音往往是真誠而有力量的。這也是我一直以來的教學目標，希望讓人們知道：聲音的功能不只是拿來裝飾你的話語，它更是一種幫助你往自己的心靠近的途徑。

所以，如果要用一句話來涵蓋聲音教練的工作，就是幫助人們「透過聲音，更好地成為自己，並且更好地與人溝通」，具體內容包括：

1　透過聲音認識自己，找到自信。
2　說話時，能發出自己喜歡的聲音，也能喜歡自己的聲音。
3　透過聲音，增進同理的能力，更好地了解他人。
4　學會因應溝通對象，改變聲音的風格，拉近關係。
5　讓話語確實表達自己的意思，同時讓人容易接受。

我之所以將自己定位為聲音「教練」，而不是聲音「講師」，是希望自己能透過陪伴與聆聽，持續貼近學習者的心，用更好理解、符合需求的方式教學，幫助人們看見並相信自己的能耐，使改變由內而外發生。

本書分為三大部分，將帶領你循序漸進地認識聲音的溝通層面：

1　聆聽自己（發出聲音前的內在覺察）
2　聆聽他人（配合慣性建立有效對話）
3　好聲音的思維（高效溝通與建立自信）

第一部分「聆聽自己」，談的是發出聲音前的內在覺察，一共分為兩個章節。在第一章，我將帶你認識我們發出聲音時的內在變化，幫助你建立對「開口說話」這個行為的意識，更有敏感度地去覺察自己的內在狀態。而在第二章，我會帶著你一起將說話從「表現」的層次，向上提升到「表達」的層次——這代表，我們將破解許多對於聲音訓練的技巧迷思，把專注力放在開口說話的動機上，去解決說話不自然，以及說話時的焦慮緊張等問題。

第二部分「聆聽他人」，將告訴你如何配合彼此的慣性進行有效對話，同樣也分為兩個章節。在第三章中，我們將學習如何透過聲音，來辨認溝通對象的思考方式與慣性，這是一種很特殊的觀人術喔！第四章，則是將對聲音的敏感度用於對應人際關係的衝突。只要察覺彼此慣性的不同，並學會用對方能接受的方式溝通，就能達到更好的溝通效果。

在第三部分「好聲音的思維」中，我們會學到更多聲音的日常練習，包含讓音色變得更好聽的方法，以及保養聲音的注意事項等等。另外，我也將為你解析高效溝通的兩大指標——「連結」與「消耗」，讓你知道如何找到溝通問題的癥結點，抓住聽眾的注意力，讓你的表達事半功倍，並幫助你建立說話的自信。

不曉得正在閱讀的你，是帶著什麼樣的期待翻開這本書的呢？期許這本書能帶給你想要的答案，或是帶來一些正面的啟發。

祝福你，在這趟學習旅程中，以聲音做為橋樑，往你的心靠近，更好地成為自己。

Contents

Chapter 3

熟悉溝通「慣性」的第三堂課

PART

I

溝通，從聆聽自己開始

發出聲音前的內在覺察

Chapter 1

與「內在」對話的第一堂課

1-1

發出聲音前，你的內在就很熱鬧了

想問問你，有沒有這樣的經驗？要和暗戀的對象告白之前，手心會冒汗、心跳會加快，或者是要婉拒朋友送出的團購邀請時，心裡會擔心拒絕之後，對方會不會討厭自己，因此變得緊張、不知所措。

這些要表達內在想法，或者拒絕他人的行為，對於我們來說都是很不容易開口的事情。在把話說出來之前，我們的內心會有很多念頭互相衝突，彷彿心裡有無數的聲音在爭吵；直到某個念頭勝出，我們才終於把言語表達出來。

有時候，這些內在的對話，是在起心動念的瞬間就完成的，我們甚至根本不會意識到這些過程。

不過，如果我們搞不清楚自己說話的時候，內在到底發生了什麼事，很有可能就會遇到一種狀況：我們說出來的話，產生了我們不希望的結果。例如，我們在超級憤怒的狀態下可能會說出「氣話」，導致和重視的人關係決裂。

所以，如果我們對於開口之前的內在變化有一定的認識，那麼我們對自己的情緒就會有更多的掌握，不輕易被情緒綁架，而失去理智。

我們說話的時候會有哪些層次呢？除了耳朵聽覺接收到的之外，聽的人心裡也會產生一些聲音，因此，我簡單將說話分成四個層次，外在與內在各有兩層。

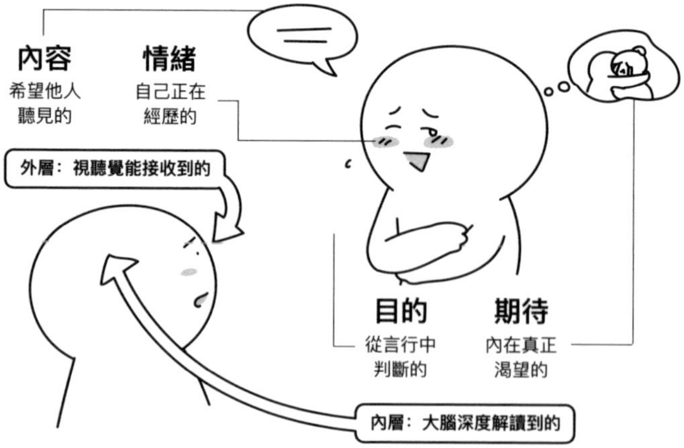

▲ 說話的四個層次。

說話的外在層次：內容．情緒

從聽覺接收到的兩種資訊，是「內容」和「情緒」這兩個層次，內容就是說話時，想要表達的訊息；而情緒，則包含一個人說話的語調、語速、音量等聽覺資訊。

說話的時候，通常我們可以意識到自己是如何使用語言的，所以如果你想要傳達不真實的資訊，例如有意隱瞞或說謊，單單從文字內容是不容易被人察覺的。

但是說話時除了內容，還會產生語氣，也就是當下的情緒。而情緒會反應一個人的狀態，所以就算你可以裝出和本意不同甚至相反的語氣，也無法裝得很久，這也就是為何我們往往會在別人說謊時感受到不協調感。

在對話的過程中，我們會發現對方的狀態不太對，通常正是因為語言和語氣不一致。舉例來說，如果你的好朋友跟你有點不愉快，他的語言傳達出來的如果是「對不起，是我不好，都是我的錯！原諒我，好嗎？」這樣聽起來是沒什麼問題的。

但是當對方有負面情緒的時候，可能就會伴隨著挑釁的語氣，聽起來每個字都有點重，尾音還拉長。這時你就會很明顯地察覺，對方不是真的在道歉，而是在鬧脾氣了。

所以，我們也可以這樣說：內容，是你希望他人相信的；而情緒，則會透露你心裡正在經歷的。

說話的內在層次：目的．期待

接下來，我們要來談談「裡面」的兩個層次，也就是「目的」和「期待」。

從前一段談到外在層次時，所舉的「朋友假道歉真發飆」的例子來看，由於朋友說話的內容和情緒很不一致，讓我們能很快分辨出他說這些話的目的，並非是在表達自己很抱歉，而是在表達不滿。

你可能會疑惑：「明明對方就是想要激怒我，這背後還有什麼其他期待呀？要讓我不高興，這不就是他的期待嗎？」

你聽過一個詞，叫做「違心之論」嗎？我相信人的一生當中，一定會有心口不一的時候。就像這位朋友一樣，在他假道歉真發飆的行為底下，隱藏在表現行為背後、沒有被表達出來的，就是說話的第四個層次：「期待」。

這種口是心非的狀況，最常出現在小孩子吵架的時候。小時候的你，被最要好的朋友惡作劇捉弄時，是不是也曾很生氣地對朋友說：「哼，我最討厭你了！不跟你玩了！」不過，年幼的你內心真正想表達的是討厭對方，然後斷絕這段關係嗎？

我想你的心裡已經有了答案。當我們說出「我討厭你」的時候，其實不是想要把對方推遠，反而是在告訴對方：「我是那麼在乎你，我也希望你可以在乎我的感受。」

你發現了嗎？「請在乎我的感受」這才是我們口是心非時，內心真正的期待。回到那個讓你感到被激怒的語氣裡，當你的好朋友挑釁地對著你說：「對不起，是我不好，都是我的錯！原諒我，好嗎？」你可以換個角度思考，其實對方可能是在告訴你：「我是那麼在乎你，我也希望你可以在乎我的感受。」

只是，在我們還沒累積足夠多和人交談的資料庫之前，很容易被粗暴的表達方式給激怒。但是當你在人際溝通上有了更多的歷練後，你會漸漸明白，對方在說話的當下，可能是受到情緒的影響，所以他說出來的話，或者是他對你所做的反應，並不是最符合內在的表現。

這時，你的同理心就會幫你找到這個情境的突破口，你可能會這樣說：「小虎，是不是我剛剛說話讓你感覺不舒服？我剛才講話有點情緒，語速也很快，我想聽起來也許有點咄咄逼人，如果因此讓你不高興，我向你道歉，讓你不高興不是我的本意。剛剛你這樣回應我，讓我覺得你委屈了，你一定有很多感受沒能表達。我在乎我們之間的關係，不希望留下疙瘩，所以，剛才都是我在講，是不是你可以給我一個機會，這次換我聽你說，好嗎？」

我相信這樣的回應，雖然不見得能讓你們馬上和好，但肯定不會讓關係繼續走下坡。順帶一提，這是我本人在生活中的說話風格，不見得適用每個人，但我真正想分享給你的其實就是背後的思考方式。

了解這個道理之後，下次和別人說話時，你或許就不會在對方用挑釁的語氣說「對不起，OK？」的時候，衝動的回應他「你那是什麼態度啊？」而是拿出更理性的溝通狀態。

説話內容：「對不起，都是我的錯，好嗎？」

情緒（非語言表現）	目的	期待
我感受到他： 生氣、激動、大聲 眼睛睜大、動作很大	**我覺得他想要：** 挑釁，想吵架	**他真正的渴望可能是：** 希望我別只會講道理 在乎他的感受 希望我多了解他的 想法
我的發現： 原來人常常説反話！ 如果我在乎這段關係，就不要去回應他的氣話，而是他的期待。		

換你練習：回想你有印象的一句話，以及這句話的語氣，填寫以下表格。

説話內容：

情緒（非語言表現）	目的	期待
我感受到他：	**我覺得他想要：**	**他真正的渴望可能是：**
我的發現：		

有時候我們回應別人的方式，也可能會受到自己的慣性影響，來不及讓理性跑出來，就先做出了負面的判斷，然後衝動地反擊……

所以，我們要習慣讓自己的反應慢下來，在對話之間多點留白，你就有機會多想想對方表面目的背後的期待。如果你的回應能貼近對方的深層期待，就能對他產生更正面的影響力。

我的老師曾跟我說：「聲慢者貴。」我認為說話慢下來，除了能讓你聽起來穩定，還能讓你對自己的反應過程更有意識；如此一來，就比較不容易一直被慣性牽著鼻子走。

反過來，若你察覺因為自己的心口不一，導致對話沒有往理想的方向發展，你也可以慢下來，去想想自己真正的期待。當你主動將真心表達出來，就能幫助對方更好地理解你，也更好地回應你。

當你聆聽他人時，在沒能掌握對方真正的期待之前，先別急著做回應；當你表達自己時，則要先確認自己真正的期待，再開始表達——千萬不要著急。

1-2 關於說話：假裝久了，不一定會成真

你是否曾經有「好想回到某個時期的自己」的想法呢？

有些人小時候可能很文靜，但因為某些原因變得非常外向。多年後的某一天，想起自己小時候的樣子，他忽然覺得自己已經不再是原本的自己了……有的人可能過去很活潑，因為某些原因變得相當冷靜，多年後忽然又開始討厭起沒有溫度的自己。

身邊有很多朋友跟我聊過這樣的話題，所以我想，大部分的人應該也都有過這樣的想法。

什麼才是你「原本的樣子」？

有一次我在公開班遇到一個學員，他全身散發一種社會菁英的氣質，讓人覺得很有高度，很可靠。然而課程進入尾聲，在進行問答的單元時，他說著說著竟然在眾人面前哽咽了。

他原本問的是：「我覺得自己習慣的說話方式是一種面具，現在想要更接近自己原本的樣子，但是假裝久了就很難回去，該怎麼辦？」

我想要理解這個提問的背後，他想要尋求什麼樣的結果，所以我就請他多說一些。

他說，在學生時代，因為自己很外向的關係，小時候曾經人緣很好；但在國中升高中換了個環境後，忽然之間就被同學們排擠，讓他非常受傷。所以從那之後，他決定讓自己成為一個群體之外的人，盡可能讓自己散發著「有用」的氣質，與人交流總是就事論事，不談感情；就算被人在背後說閒話，他也盡可能忽略，並告訴自己這個社會是靠實力取勝。

這樣的成長背景，讓他贏得主管的信賴，畢竟在工作上，這樣的特質給人臨危不亂、公正不阿的感覺，所以他很快就當上了公司的管理階層。

我問：「結果不是挺好的嗎？什麼原因讓你對自己失去信心？」

他說，他偶爾會懷念自己大聲說話、開懷笑著的模樣。看著一些比較外向活潑的同事，他會羨慕他們身邊總是圍繞許多朋友，自己固定聯絡的好友只有寥寥數位。在朋友有事無法與他交流的時候，隻身一人總讓他感到孤單寂寞。

說著說著，他就哽咽起來。

這時有一位同學舉起手，問：「老師，關於交朋友這件事情，我可以發表一點想法嗎？」

我點點頭，他接著說道：

「我嘛，其實也是比較外向的類型，所以身邊總是有很多人圍繞。但是你知道嗎？我們這樣的人，也會常常感到孤單寂寞，身邊圍繞著那麼多的人，能夠理解自己的人有多少？而能夠理解自己，又沒有企圖的知己，更是少之又少。有時候啊，我反而很羨慕你這樣的人，雖然總是獨來獨往，卻有幾個確定的知心好友，生活挺單純的呢！」

大家聽完頻頻點頭，相信是讓大家都很有感。我順著這些內容，也對原先提問的學員補充了一點想法：

「很多人的確都是在被掌聲和擁抱沖昏頭之後，才看見那些圓滿背後有多大的空虛，而花了大量的時間累積了歷練，才開始懂得怎麼樣去分辨誰是朋友，但那些真心卻已經不再等候。你現在這樣的狀態我個人認為也沒有不好，你提早將濾網裝起來，省去了篩選朋友的階段，我相信也有很多人對你的現況是羨慕的。想要讓自己身邊圍繞著人群，是你想要的嗎？」

提問的學員陷入了思考，停頓了十秒後，他說：

「我想，我真正想要的，應該是能夠找回原本的溫度，現在的我，冷冰冰的，我不是很喜歡。」

我覺得我們的對話開始進入關鍵，我問：「你認為是什麼阻礙了你的溫暖與熱情呢？」

他回答：「可能是過去被排擠的傷痛吧，那時我又是擔心再度被欺負，又氣憤得想要報復，所以才變成現在這樣。」

「小時候會這樣想，我想那在所難免。在經歷了這麼多之後，用你現在的高度重新看待被排擠這件事，現在的你怎麼看呢？」我問。

「咦？」他露出很驚訝的表情，告訴我這個問題他從來沒有想過。

「我看到的是，你做出了很多努力，這些努力，幫助你比別人用更成熟理性的態度去解決問題，得到了人們的信任，也為你爭取到很多機會。這些努力真的很棒，可不是一般人能做到的呢！」

「可是現在的我，應該怎麼樣去表現從前那樣的溫度呢？我覺得好難。」

「那這就要問你自己了，因為這是不存在技巧的，你願不願意去相信你自己是個有溫度的人？」

「我應該……相信吧，不，我相信，我相信自己是有溫度的人。」他的語氣從懷疑到慢慢肯定。

「這件事情，只要你相信就會發生，給你自己多一點時間去重新認識自己吧！」

對話在這裡結束了。當時這個提問在課堂上花了不少的時間，幸好同學們都沒有露出不耐煩的神情，反而是很專注在聽我們的對話。

結業後，我與學員們一一道別，這位學員留到了最後，直到同學們都離開，他才來跟我說話。

「老師，謝謝你花那麼多時間在我的問題上面。我後來仔細想想，原來我是因為不喜歡這些努力背後的意義，所以否定了自己；但在這些對話的過程中，我為它們賦予了新的意義，現在我覺得自己渾身舒暢，所以我覺得我一定要親自跟你道謝。」

其實當時的一切都是自然而然發生，因為他問了問題，同學有感而插話，他也終於開始流露情感，而我只是站在旁觀者的角度，輕輕推了一把。

不過這些對話，也讓我想起自己經歷過的「假裝」時期。

你也有「冒牌者症候群」嗎？

我年紀很輕的時候就當了專業講師，雖然在台上時常表現得意氣風發，很有自信的樣子，但其實我心裡卻存在著「冒牌者症候群」。為了不被人懷疑自己站上台說話的資格，我總是繃緊神經，努力追求完美，深怕這種不自信會被人揭穿。

不過，比起他人的懷疑，真正可怕的還是自我懷疑。當自己都不相信自己、看不起自己的時候，那種孤立感會讓自己就像是一顆用蜘蛛絲綁住的氣球，隨時會飄走，非常脆弱。

為了透過他人的肯定獲得認同，我有好長的一段時間都讓自己裝得很有魄力、講話有威嚴，偶爾還會聽到比我年長的學員說：「小虎老師好年輕就好成熟喔！」

有趣的是，明明當時的我很需要他人肯定，但聽了這些話卻更加懷疑自己，就好像自己在騙人一樣。當時我的心裡反而有一種聲音，期待有人來揭穿自己，狠狠地把自己的尊嚴連同這副假面具按在地上摩擦摩擦。我的冒牌者症候群，讓我在聽到別人對自己表示肯定的時候，會羞愧得想要找地方躲起來。

然而，在二〇一三年的十二月，當這些孤獨感和壓力累積到極限時，發生了一件改變我人生的事情。

那是一個寒冷的早上。一早鬧鐘響起，我正要從床上起身，卻忽然感覺到頭部被一股力量壓了回去。我一開始以為自己見鬼了，後來稍微冷靜下來，才發現其實是因為頭部劇痛，導致生存本能讓我又躺了下來。

當時我感覺像是有東西要從頭殼內部炸裂，在床上痛到動彈不得，滿身大汗。忽然，我的眼前閃過許多人生的片段畫面，讓我不禁心想：「這就是所謂的人生跑馬燈嗎？」

但我當時所看到的畫面裡，並沒有任何一件會讓我感到開心的事情。因為畫面中，都是我在「假裝」的樣子。看到自己在別人面前假裝成社會菁英，意氣風發的樣子，讓我感覺很不舒服。我不僅透過假裝拉開了與學生之間的距離，也因為假裝，讓那些真正關心我的朋友遠離我。

看到這些畫面的時候，我心裡非常後悔，果然印證了俗話說的「不見棺材不掉淚」。當時我想，如果知道自己人生就那麼短的話，我就應該再放開一點，對別人和自己更誠實一點。

我對自己說：「對不起，我把你的人生活得很糟糕，但我不想生命就這樣結束，如果再給我一次機會，我保證會讓你自由，真的很對不起。」

神奇的是，在我對自己說完這些話之後，頭就立刻不痛了。

不過我後來還是到醫院去做了腦部斷層掃描，那位年輕的腦科醫生看了我的腦部顯影之後，語重心長地跟我說：「你是腦壓過高，對腦部造成一點小傷，所以最近可能會比較容易暈，比較累。不過你很幸運，有很多人是因為這樣過勞，就提早去見上帝了。所以，你要多愛自己一點喔！」

從那時候開始，我決定打破舞台的隔閡，時常走下台靠近聽眾。在這之後，我才發現大部分的人，根本不在意我有沒有資格站在這裡，他們自願坐在台下花時間聆聽，只是想知道可以從我這裡得到什麼，所以我只管去給予就好了。

這件事對我的影響非常大，我當時學到的教訓是：假裝久了「不一定」會變成真的，所以不要浪費生命去假裝，否則就太不值得了。

但是多年後，我想起自己曾經那麼努力的假裝，忽然很感謝當時的自己，覺得那段人生並沒有白費。倒不如說，正因為有過那些努力，我現在可以很好地拿捏自己在台上要呈現什麼形象，學員們都說我形象很多變，也很享受我上課的風格呢！

而經歷過那些假裝，也幫助我很容易就能理解他人不自信的時候，會有什麼樣的感受與想法，可以更好地陪他們找回自信。

1-3

由內而外（真說：期待、觀點、姿態、語言）

在前面的章節中，我們從說話的四個層次，知道從他人的話語中聽出心聲的方式，是從外而內一層一層去看透。這樣的聆聽態度，我稱之為「真聽」。在這樣的態度下，我們會對溝通對象產生同理心，也會更知道該如何正向地回應對方當下的情緒。

你也許會好奇，說話的四個層次，是不是把順序反過來看，就是我們說話時由內而外的過程呢？

賓果！確實是這樣沒錯。

▲ 聲音如何代表你。

在我們要發出聲音時，其實心裡已經想像過一次發出聲音的樣子了，甚至還預先想像了聽眾的反應，以及自己得到這些反應時的感受。這個層次是最內層的「願景」，也可以說是我們開口說話前產生的「期待」。

願景不是語言，很難用簡單的言語描述，它更像是一種心裡的畫面，同時也會讓身體產生感受——也就是一種在事情發生前，預先擁有的體驗。

每次上台演講，在拿到麥克風的時候，我通常第一句話就是跟大家打招呼，我說「各位朋友，大家午安！」然後觀眾會回應我「午安！」

在這樣的互動中，我發現自己在開口跟大家打招呼的時候，心裡是先想像觀眾給我熱情友善的回應，然後才開口說話。所以我也好奇：如果我刻意去改變心中的願景，會發生什麼事情呢？

後來，我常在課堂上邀請學員來實驗，如果開口說話前，腦袋裡不是觀眾的友善回應，而是想像觀眾無精打彩的樣子，那我們的聲音會不會有什麼變化？

結果非常明顯。當我們腦袋裡想像觀眾一片寂靜時，聲音表情就會跟著變得比較沒有精神，力道明顯不足；說完「各位朋友，大家午安」之後，得到的回應也是零零落落，感覺只是形式上給個禮貌回應而已。

相反地，如果我們腦袋裡已經想著觀眾會熱情回應，我們的情緒就會比較正面，帶點積極性，開口說話時也會比較有精神。這時觀眾回應的意願會更高，而且感覺是更主動的回應，而不是形式上應付一下而已。

所以，千萬別小看了「願景的力量」。因為在你心裡的創造，終究會變成外在世界的結果。

當我們心中產生了「願景」之後，這些畫面和體驗，會向外轉化成**「理念」**的層次。這是一種很直覺的語言描述，像是我在上台打招呼的時候，我心裡會出現「來，回應我！」的小聲音，彷彿我在打招呼的時候，用意念傳送出了我開口說話的目的。

如果我們用之前「假道歉真發飆」的例子來看，當朋友說「都是我的錯，對不起，OK？」的時候，理念的訊息就是「我又沒有錯！」或是「我要氣一氣他！」只是正在發脾氣的時候，我們往往很難去意識到自己產生了這樣的想法，不會察覺到自己正在說氣話，都是說完之後才發現自己說的話跟自己的真心離得很遠很遠。

當腦袋裡有了「理念」之後，身體就會在語言之前先開始表達。這種非語言訊息，就是**「態度」**的層次。例如當你台上向觀眾熱情地打招呼，心裡想著「來，回應我！」時，你的身體就會開始前傾，眼神也露出期待得到回應的樣子而閃閃發光。這個時候，你的整體態度就會讓觀眾得到暗示，知道待會你開口之後應該要回應你。

最後，才是**「話語」**。如果說出口的話與內容，跟我們前面三個層次一致，那麼這就是一種內外在一致的表達，也就是用有力量的話語。不過，如果說出口的話跟內在不一致，那麼語言本身就會失去信任感，甚至會害人產生不必要的聯想。

從內而外的表達，分別會經過的層次為：願景、理念、態度、話語。當我們說話時，是有意識地關照自己的內在，讓說出口的話能內外一致，我稱呼這種說話態度為「真說」。用這樣的態度來說話，不僅會讓話語更有力量，也更能讓人感受到真誠。

在研究人類發出聲音的這些內外在層次時，我同時也在反思過往教學的一些經驗，從中得到一些啟發，而萌生了改善聲音教學方式的想法。

過去，人們想要精進聲音表達的能力時，總是過於在乎說話的聲調、表情，但這最終會導致說話變得很不自然，也很難去應用在生活上。這也是我們過去在進行聲音表達的教學時，學員都難免會遇到的一種狀況。

這樣說來，進行語調訓練難道不好嗎？事實上，這些傳統的聲音語調練習，仍然是有好處的。這種練習的目的，其實是讓身體去習慣表現出更大張力時的狀態，讓肌肉產生記憶，那麼當我們的情緒真的高漲時，身體就能配合內在變化，讓聲音表現出出更有層次、更豐富的情緒。

不過，要讓練習時得到的身體經驗變成日常生活的習慣，就沒那麼容易了。這中間總是少了些什麼，讓許多學員無法將所學變成習慣，相當可惜。

後來，在我歸納出這四個層次之後，才發現：原來過去缺少的，是引導學員從內而外、有意識地察覺自己開口前的小聲音。一旦學員能夠掌握自己內在的小聲音，很快就能做出比自己之前更豐富，同時又兼顧自然的聲音表情！

我將我的這些發現寫在這裡，希望讀到這裡的你，也能因此對自己的內在聲音更有意識，並且能有更好的掌握。

與「內在」對話的第一堂課

重點複習：

❶ 對自己的內在聲音不熟悉時，可以先練習「真聽」：內容、情緒、目的、期待，從外而內去聽見他人的真心，就能同時培養同理他人的能力。

❶ 雖然假裝久了不一定會變成真的，但所有這些武裝的背後，都是為了好好回應世界所做的努力，請不要把它們當作「成為自己」路上的絆腳石，而是把它們變成你的資源，讓你做人更有彈性！

❶ 傳達真心、真誠說話的關鍵，在於「真說」，也就是從內而外，願景、理念、態度、話語，讓內在的聲音與外在的語言一致，使你的聲音更有力量。

Chapter 2

從「表現」到「表達」的第二堂課

2-1 讓聲音有感情，不需要特別表現

大家對於「聲音表情」有許多的迷思，因為過去有很多人告訴我們「說話如果沒表情就會○○○」「說話如果想要○○○就要有表情」，所以許多人對「聲音表情」這件事情充滿了焦慮，覺得自己缺乏應對這件事的技巧。想要去做又做不好，最後陷入了一種「我根本不懂說話」的失落裡。

因為在過去，我們是從「現象」來認識聲音的——這也就是說，我們雖然聽見了聲音本身，但沒考慮聲音發出來之前的內在運作。如果在開口說話的時候，滿腦子都在想著要控制聲音的高低起伏，就會產生讓人覺得不自然，甚至做作得令人聽不下去的聲音。

我的主張是：**「說話的時候不應該去想著做表情。」**意思不是去抑制表情，而是別去想著怎麼做。

你也許會疑惑：「如果我不想著去做表情，那該怎麼讓聲音有感情呢？」

如同我們在上一個單元提到的「表達意圖」，它就像是你將一個物體丟出去的過程，在進行「丟東西」的動作時，你的大腦不會去很用力的思考，自己的手肘應該要彎幾度、要用多少的力氣去丟？在哪個時機點要放開手……你的意識真正參與到的大概就只有三件事：物體的重量、目標的位置，然後是「丟」這個指令。而其他一切複雜精密的動作，都是身體的經驗與智慧自動為你完成的。

生活中有許多複雜的動作，因為我們已經熟能生巧，所以在運作的當下，其實有很多餘裕去做其他事情。像是你可以一邊嗑瓜子、一邊聊天，或是吃飯時可以一邊滑手機之類。（也有人說他們可以邊開車邊吃飯，不過這實在太危險了，所以還是呼籲大家別這麼做比較好。）

總之，身體的大部分動作，包含說話，我們的意識只會參與幾個重要的因素，而其他細節都自動被身體的智慧處理好了，算是半自動的。

所以當你過於刻意去控制身體的動作，不僅不會讓這些動作更好，反而還可能讓原本的習慣被打亂。像是如果在走路時太刻意去注意自己的每個動作，每個動作之前都要想清楚再做的話，你可能就會發現自己根本不懂怎麼走路。

說話也是一樣的。舉例來說，有些人習慣說話有贅詞，每個句子都忍不住用「然後」開頭，如果你在說話時告訴自己「不要再然後了！」你就會忽然不知道怎麼說話。這是因為對於身體控制的想法，讓語言本身產生了干擾。這不僅對實際減少贅詞沒什麼幫助，還會讓你的語言能力變得笨拙，接不上別人的話。

總而言之，在說話的時候，若你一直告訴自己要做什麼、不要做什麼，只會對語言系統造成負擔。

說話要有情緒，先從釐清自己開始

要讓說話有情緒，我認為不應該從技巧層面來著手，像是在一句話的某個字或詞上增加聲音變化的修飾，那只會讓說話變得不自然。

前人的智慧常告訴我們：「要解決問題，必須釐清現象背後的問題。」我們把這觀念帶回到「說話的表情」這件事，「說話沒表情」只是一個現象，然而它背後的問題，也許單純只是不習慣展現比較積極的聲音，下意識地會去避免說話有情緒，所以聽起來語氣就平平的。

但是除了不習慣之外，其實有更多人是因為過往的經驗，而導致聲音沒有情緒。例如，有人曾經在求學時期被長輩嚴厲地指正，被要求說話時不要動來動去，看起來沒大沒小之類，因為害怕再次被罵而矯枉過正。或是被嫌有情緒的聲音讓人心煩（有許多內向者害怕這種刺激），導致說話時害怕身體有動作，之後就演變成說話時「習慣」身體沒有動作。

說話缺乏表情背後的原因很多，但是大概都脫離不了「害怕」，像是怕被罵、怕被別人私下取笑、怕被當眾羞辱、怕別人嫌棄等等。每個人都會有自己的原因，要改善這個問題，就需要靠自己去回溯，找到讓心裡卡住的癥結點了。

能夠傳達感情的2種說話態度

雖然過去的經驗會變成一種向後的拉力，讓你說話時更能夠傳達感情的幾個說話態度。但我們依然可以透過外在的努力，為自己創造向前的推力。

接下來我想跟你分享，讓你說話時更能夠傳達感情的幾個說話態度。

首先，第一個說話態度是**「積極」**，就是我們之前談到的「表達意圖」，或者說是空間感。在說話時，要將意念延伸到目標對象身上，不要只是將聲音發出來。

我們來試試看把下面這句話說出來：

「虎哥謝謝你，我欠你太多了！」（機器人般沒表情）

謝謝兩個字，就像是送禮的感覺，它會乘載送禮者的心意。所以在說這句話的時候，請把它當成是有重量的物品，送到目標對象身上。

想像手上拿著有重量的東西，一邊說，一邊將這東西送向前方：「虎哥謝謝你，我欠你太多了，這個給你！」說到「這個給你」的時候，記得把手伸出去，像是送禮物一樣，這樣一來，這句話的心意就會很明顯，而說話也會有表情了。

第二個說話態度，是**「明確」**知道自己想表達什麼。

有些人說話沒有感情，往往是因為急著把話說完，腦袋對於語言的架構都還沒有準備好，導致主張不清楚，連帶著聲音也沒有感情了。也有一些人是因為說話時情緒太高漲，心中充滿情緒，但是腦中卻沒有明確的主張，所以在自己也不知道自己正在說什麼的當下，聲音一直處於高亢的狀態，卻缺乏高低起伏的變化。沒有變化，自然也無法讓人感受到深層的情感。

不過，只要知道自己想要傳達的是什麼，我們的聲音就會有**「強調」**，強調也可以幫助聲音傳達情感喔！

假如，我要介紹給你一本書，名叫《回到一個人》。請看著接下來的文字，想像一下你腦海裡這兩句話的聲音。

「這本書叫做，回到『一個人』。」

「這本書叫做，回到一個『人』。」

這兩種感覺是不是不太一樣呢？

因為說話的強調，會讓聽眾對你的話語產生先入為主的「預判」。當你強調「一個」，聽眾對這本書的想像可能有孤單、單身、獨處；但如果你強調「人」，聽眾想到的可能是尊嚴、完整、靈性。因此，這兩種說話方式，讓觀眾產生的想像就會不同。

如果你的話語，能讓聽者很精準地預判你後面要說的話，那麼他們的理解速度和品質都會非常好。反之，如果讓聽者判讀錯誤，可能就會導致對方產生理解上的困難，或是誤解你的意思。

知道自己在說什麼，其實就是要知道自己話語背後想傳達的**「主張」**。這邊我給你一句台詞，以及三個不同的目標，請你在腦袋裡頭想像看看，自己會怎麼說話：

台詞：「我帶你去迪士尼！」

目標一，邀功：「我是值得你感謝的。」

目標二，表白：「你對我很特別，所以你有特權。」

目標三，引起興趣：「這將會非常好玩喔！」

你也可以試試看，想像面前有個對象，然後你針對這三個不同的主張，讓身體動作順應主張來做出動作：

目標一，邀功，說「我」時，把手指向自己。

目標二，表白，說「你」時，眼睛直視對方。

目標三，引起興趣，說「迪士尼」時，心裡想著：「很好玩喔！嘿嘿～你一定很期待吧！」

只要心裡的主張清楚，你會發現：說話時不太需要去想怎麼做表情，因為身體會自然做出來。當你習慣說話前都想清楚你想表達的重點，你說話的方式就會變得很精簡，廢話變少，同時又能帶著情感，引導聽者產生你期望的想法。

要讓一句話有表情，與其去想「如何」利用聲音做出表情，不如去想「為何」要說這句話，聲音自然就會有變化。

表情確實不需要刻意表現，自然的才好，對吧？

用玩的心態練習說話

有段時間，我和慧玲報名一對二的健身教練課。在先前，慧玲從來沒有重量訓練的經驗，所以同樣的動作會比我花更多的時間完成，練習的速度也相對比較慢。相較之下，我的身材條件跟肌肉組成都比較好，所以在等待她完成的同時，我會把握機會再多做幾組動作，或者是修正剛剛沒有調整到位的姿勢。

有一次回家後，慧玲跟我說他在我身上看見大男孩的童心，因為她覺得重量訓練本身是很累的，通常在等待進到下一組動作之前，大多數人會放空或趁機多休息，但是我這幾次上課都會利用多出來的時間，重複練習教練教的動作。慧玲形容，她看見的我是露出很多笑容，彷彿自己賺到了；就算一邊出力吶喊，還是笑得跟孩子一樣，做到後還會開心地跟教練說：「我發現我可以慢慢增加槓片重量了欸！」

我聽了之後覺得很害羞，因為我自己完全沒發現。不過，慧玲說看見我享受其中的樣子，讓她想起我常在聲音課程裡和學生說的話：「記得要用玩的心態玩聲音，拜託你們千～萬不要太認真！」

為什麼會這麼說呢？不知道你小時候，有沒有跟同學們玩過一種遊戲，就是大家一起打賭，在一小段時間內要熱絡聊天，但不能說「你我他」，講了就要罰錢買雞排，有趣的是，這個遊戲的贏家通常都是福利社老闆。因為這樣的過程中，我們為了避免犯錯，必須用力抑制自己的慣性，用不習慣的方式說話。你會發現：大家的說話能力瞬間退化到幼稚園程度，講起話來都變得很不自在。

學說話就是這麼回事。當你今天學到一個新的說話技巧，告訴自己要立刻學以致用時，你會為了在慣性當中安插一點不習慣的行為，導致自己說起話來變得很尷尬。這時，聽你說話的人也會因為你的尷尬，而感到不自在。這整個狀況可以說是一種互相傷害，只是沒那麼暴力，加上大部分的人意志力沒那麼堅強，不知不覺就會忘了自己學過的這些技巧。

像是，我們處在不同的情境時，你會很自然的進入你原先的角色，例如你回到家裡，你可能是你爸媽的孩子，或兄弟姐妹；你也可能是某人的丈夫或妻子，也許是孩子的父母。當我們進入角色扮演的時候，你的腦袋就會進入那個角色的功能，自動切換思考和行為的方式，甚至情緒也會瞬間轉換，這就是心智模式的一種功能，讓我們的意識可以更好地專注於在當下。

但是刻意和自己的長期習慣唱反調，不僅做什麼都會卡卡的，甚至還很容易感到挫折呢！

不要給自己要趕快學以致用的壓力，練習的過程才是重點。當你放鬆的玩，就能更好地探索並整合自身的資源，讓它們為你所用。無論是學游泳還是樂器，都會需要一點玩心來培養協調性；況且，說話的複雜度又高出許多，那就更應該「玩」囉！

2-2 說話，是一種邀請——認識表達意圖

剛開始學聲音表達的學習者，難免會有一個迷思，覺得要對自己的聲音有極高的掌控性，可以一直有意識地控制自己的聲帶運動、振動頻率、聲音共鳴的位置等等，所以當他們聽到自己的錄音，覺得自己的聲音表現不如預想的完美時，就會想要再重錄一次，試圖在重複挑戰的過程中掌控更多。

這件事很令人感到挫折。因為發出聲音這一連串的運動是非常複雜的，這過程中，每一個小小的變化都可能牽一髮而動全身；加上我們的意識沒有辦法在同一時間控制身體那麼多地方，有可能顧此失彼，導致每一次都會有新的漏洞，永遠沒有補完的一天。

站在旁觀者的角度來想，我們對自己的標準有時候實在太嚴苛了。

當我們是聽眾的時候，一般只會在意對方想要說什麼。只要對方能將想法確實地傳達到，即使對方說話有一點小毛病，也是瑕不掩瑜。只有在對方的瑕疵多到足以干擾聆聽，我們才會忽然變得很在意對方說話的毛病。

但回到我們自己身上，明明其實沒有那麼多毛病，我們看待自己時，卻很容易雞蛋裡挑骨頭，而沒注意到真正重要的應該是「聽眾是否接收到你想傳達的」。這麼一想，我們對自己的要求，確實都很不客觀，對吧？

再說，那些聲音很迷人的說話高手，在開口說話的時候，心思都放在與觀眾的連結，大概不太會分心去想著聲音要怎麼發吧。

所以我認為，學說話這件事情，應該要先看「方向」——抓到了大方向，我們再去追求讓細節超乎「標準」。換句話說，**我們應該先追求能「表達」到，再去追求好的「表現」**。

讓你聽見我：找到聲音的方向

人之所以開口說話，就是為了要對別人傳達想法，藉此滿足某些需要。例如，我覺得車上很熱，我開口請司機幫我把冷氣調強一點，對方明確接收到我的請求，我的需要就可能得到滿足。

如果我只是把聲音放在嘴邊碎碎念：「今天好熱啊，都流汗了呢……」一來，我的聲音沒有讓對方感覺到是對他說話，司機可能以為我只是在講電話；二來，因為我表達的內容不夠具體，司機就算聽到了，也可能會當作是閒聊的內容，回應我：「對啊，夏天到了呢！」雖然有時候就算你不說，有些人依然能聽懂你的意思，做出體貼的舉動；但我們也知道，並不是所有人都有這種特質。所以，讓自己的表達更精確且完整，這就是必要的學習了。

話說回來，「表達」的意思，就是把話語送到，讓對方確實接收並理解你的想法。當我們發出聲音的時候，要將聲音送到對方身上，讓對方感受到「你正在表達」，這是用聲音傳遞訊息非常重要的基礎。畢竟，說出來的話如果沒有被好好地注意到，就不會有後續了對吧？

我們投射出去的那個意圖，我把它稱為「表達意圖」。我們在說話時，其實不只是把聲音發出來讓對方聽到而已，我們還會透過肢體動作、身體的前傾等等，試圖向對方伸出一隻隱形的手，跟眼前的溝通對象建立連結。那隻看不見的手，就是說話者的「表達意圖」。

表達意圖強的人，你會感覺到他說話很熱情，好像他百分之百的相信自己說的話是很好的，忍不住要分享給別人。他會讓對方產生更多聆聽的動力，心也就更容易向著他，這是聲音本身能夠帶有感染力、說服力的來源。相對地，說話時表達意圖弱的人，你會覺得他的聲音沒有自信。有時候，這種無法主動抓住專注力的聲音還很容易讓人飄走，分心去做其他事情。

強化表達意圖的技巧

發出聲音，這個動作就像是「把球丟進籃框」。我們把球丟出去的時候，並不會去思考手肘要彎幾度，去想自己要使用幾成的力量、手指怎麼固定這顆球等。而是將意識分配在三個地方：手上的球、籃框的位置、施力產生動能。

說話時，我們想要說出口的想法，就像是那顆球，說話的對象就是籃框；而說話過程中，想要傳達出去的「表達意圖」，就是投籃時的動能。

回想你生活中，那些表達意圖很強的人，是不是說話時肢體動作都很多呢？因為人在很投入、忘我地說話時，會不自覺地用肢體「把話丟

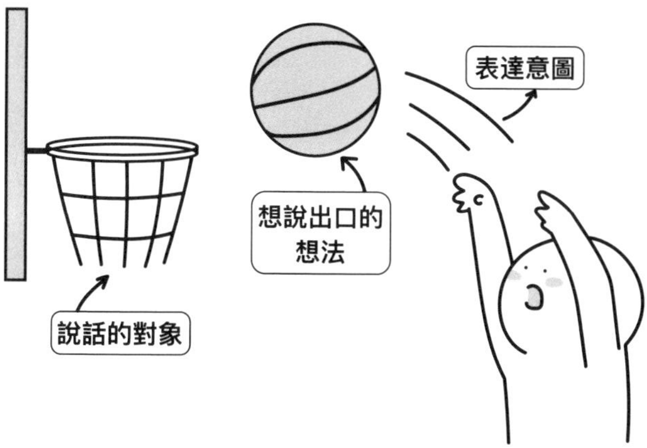

▲ 強化表達意圖，就像「把球丟進籃框」。

出去」，就像是把東西丟出去的動作一樣。透過「加速度」的動能，能讓聲音傳得更遠，表達意圖就是呈現在這個加速度的力道上。

所以，我們也可以利用肢體丟東西的動能，讓聲音聽起來有「被送出去」的效果。一旦習慣了這樣的感覺，你的眼睛看到哪裡，你的聲音就會送到哪裡，聲音聽起來也就會更有自信。

現在，我們開始練習吧！請你在腦袋裡假想就可以了（如果你在咖啡廳看書，忽然放下手邊的書開始做動作，可能會看起來有點奇怪。）

（補充：一開始不習慣的時候，我們通常會覺得做起來很彆扭，那是因為違反了肌肉的記憶，所以會有一點點不舒服。不過只要稍加練習，身體對這件事不排斥，也找到自己覺得剛剛好的強度範圍，就很容易養成新的習慣。）

首先，先設定空間感。和人一對一說話的距離感大概有多遠呢？我們用一般交情的朋友或同事來說，大概是要向前跨一小步才能伸手碰到對方的距離。（試試看，將手向前伸直，再將視線往指尖方向延伸一隻手掌的距離。）

想像手上握著一顆小小的橡皮球，然後往你的目標丟過去。動作盡量一氣呵成，因為過程中如果有任何遲疑，很可能會導致力道中斷，就無法產生加速度了。你要確實想像將東西丟出去的畫面，如此就能成功賦予手上那顆橡皮球一個適當的力道。

反覆做幾次，稍微習慣丟東西的動作之後，請試試看順著丟出去的那個力道，輕輕發出「嘿」的聲音吧！不用特別去想你的發聲方式，重點不是聲音變得多大或是音色變得多乾淨，而是在聲音給人的感覺上，是否有將表達意圖傳達出去。只要用你習慣的方式發出聲音就可以了。

盡量減少預備動作，讓手部動作簡化到只剩下「丟出去」的動作。這樣一來，還可以將動作變化成「手勢」，甚至也可以用點頭的動作來替代（只要有加速度就可以了）。當我們是透過自然的手勢或動作來賦予聲音力道的時候，這樣的說話方式就不會讓人覺得不自然了。

想像一個情境：你在工作場合和客戶第一次碰面洽談，你們要在進入正題之前，開口說一句「你好，很高興認識你！」來表示友善。

我們可以先試試看身體沒有任何手勢動作的說話方式，平穩地發出聲音：「你好，很高興認識你！」你想像一下，當你聽到這樣的聲音時，會有什麼感覺呢？

接著，再試試用剛才練習的方式，將表達意圖稍微增強。這時，一邊看著對方的表情，一邊利用點頭施加力道，說：「你好，很高興認識你！」在這麼說話的時候，你是否有覺得自己比剛才更有精神了呢？如果換成是你聽到這句話，跟剛才的感覺有沒有不太一樣，感覺態度變得更積極了呢？

在公眾表達的距離展現表達意圖

在一般與人互動時，利用身體的動作產生動能，使聲音聽起來有「被主動送出來」的感覺，能提高聆聽者與你的連結。因為帶著主動性的聲音，會讓人不知不覺也變得更加積極回應，促進彼此的連結。

如果你有上台說話的需求，例如會議報告、演說等，這項技巧也能幫助你與聽眾之間產生更多互動。差別只在於對著群眾說話時的距離感與空間感，與一對一說話的時候不同。

對著群體說話的時候，你的視線通常是呈現一片扇型的範圍，比一對一說話時更遠而且更寬。所以當你開口發出聲音時，可以將目標設定在這個扇型範圍的中間，並且將目標變成多個區域，做範圍型的投射。總之，開口說話時，要盡量把聲音送到比人群中央再遠一點點的範圍，並且盡量去照顧到最角落的人。

為了讓每一句話都更平均地分布到群眾之中，你可以將話語分割成更多塊，讓每個斷句都對應不同的目標位置，例如：把「各位朋友，大家午安！」變成「各位／朋友／大家／午／安！」

當你開口打招呼的時候，加入更強的手勢力道，會讓你在台上看起來更積極主動。雖然剛開始不習慣的時候，你可能會覺得這很不像你，很彆扭；但是換個角度來想，要在台上引導那麼多人，本來就會需要更多的動能，換了情境也得換個合適的聲線。所以你只需要去習慣，找到自己覺得滿意，同時也能讓聽眾感覺舒服的狀態就可以了。

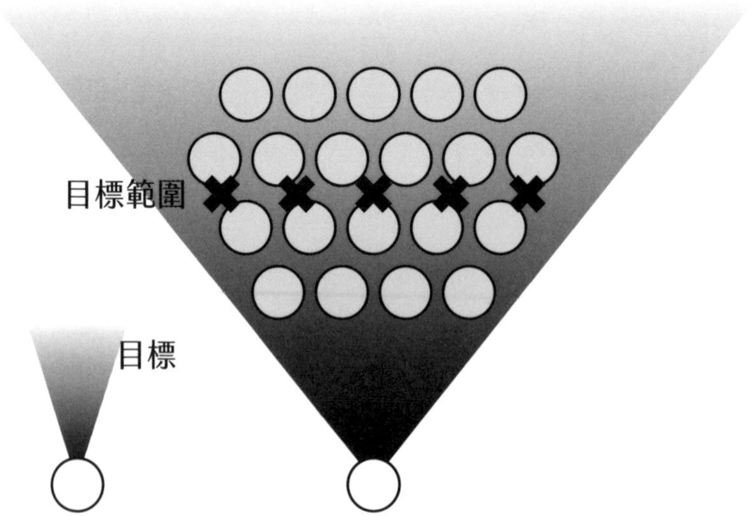

▲ 對著群體說話時的範圍。

通常在授課現場，我會邀請聽眾們動起來，把觀眾席分成左邊跟右邊，讓左邊的觀眾盡可能將聲音丟到右邊觀眾最遠的地方，右邊也一樣。當所有人都在做同樣的事情時，現場會顯得很熱鬧吵雜，這樣的情境會讓大部分的觀眾產生安全感，因為他們可以躲在其他人的聲音中做嘗試，不用擔心自己出錯，也不必擔心聲音被別人聽見。

所以我也建議，在練習公眾表達的說話方式時，請一定要更加確保自己的安全感，唯有在安全的狀態下，身體比較容易放得開，體驗的程度才會足夠，讓練習能夠更快地變成身體習以為常的動作。

你可能會好奇，這種說話方式需要這麼多力氣，長時間下來不是很消耗體力嗎？

是的，如果長時間這樣說話，有可能讓你覺得累，也讓聽眾因為過度刺激而感到疲勞。通常我們會在開始長時間的演講前，透過打招呼的方式，為自己與聽眾之間的關係「定調」。也就是說，你如何展現積極的態度，以及觀眾如何積極地回應你，這短短幾秒鐘的互動，就決定了你在聽眾心中的距離感。

如果開頭的互動成功，拉近了台上與台下心裡的距離，那麼接下來就可以多加依靠麥克風，讓自己稍微省力了！

我很欣賞的一位講師前輩「憲哥」謝文憲老師，他在上台演講或是主持活動的開場，往往是用三句話來跟觀眾互動：「好！很好！非常好！」

憲哥上台的時候，會用眼神掃視觀眾，然後用中氣十足的聲音說：「各位親愛的朋友們，大家～好！」在那個「好」字特別加重，傳得特別遠。第一次聽憲哥演講的時候，會被他這聲「好！」嚇一跳，不過馬上會聽到其他觀眾一起很有朝氣地回應他：「好！」

接著憲哥又會大喊：「很好！」觀眾也回應：「很好！」這時候會發現大聲回應憲哥的觀眾比例又增加了。

最後，憲哥再喊一聲：「非～常好！」觀眾也跟著喊：「非常好！」喊完之後，憲哥不立刻說話，刻意留白，讓觀眾去感受自己當下精神抖擻的狀態，情緒的高昂讓學習的意願變的非常強烈，等觀眾的狀態從極度高昂的混亂中，恢復到亢奮但穩定的狀態時，憲哥才將麥克風拿近嘴巴，用比較輕鬆的方式開始他的演講。

所有觀眾都在連續三次高強度的招呼中，進入了積極的聆聽姿態，而這三聲互動，也讓所有人對這場演講的風格有明確的印象，於是很快就懂得如何配合這樣的風格來與講者互動。

至今憲哥超級成功的開場手段，仍被我拿來當作經典案例分享，這是運用聲音拉近觀眾的最佳範例。

展現表達意圖的方式並沒有絕對的正確，只有適不適合你，以及適不適合當下的情境。然而表達意圖在聲音上最大的共同點，**是「加速度」的力道，也就是將話語送到觀眾身上的意念**。無論你過去的說話習慣為何，你都可以藉由培養這樣的意念和說話習慣，讓自己的聲音擁有積極主動的特質，讓人忍不住想聽你說喔！

2-3

別讓焦慮怪獸吃掉你的表達

當你正要開口說話，忽然一股不知名的感受湧上來，讓你的喉嚨一緊，你會怎麼處理這個感覺？

①停下來想想為什麼卡住了

②不管它，繼續說話

大多數人都會選擇②，因為讓眼前的人等，總覺得不太禮貌。然而當這些感覺沒有被處理好，就會累積下來，甚至讓喉嚨緊變成一種習慣，造成惡性循環。

遇到表達的問題時，大多的人都會以為自己缺乏的是好的技巧；但是這麼多年來，我發現很多時候真的不是能力的問題，而是「表達焦慮」在作祟。

「不確定」會帶來焦慮

焦慮是什麼呢？我認為，人之所以會產生焦慮的情緒，是因為對未來感到不確定，或是對尚未發生的狀況有過度的聯想。雖然我們理智上知道自己是想太多，但是卻沒辦法輕易地停下來。

我們會對生活感到焦慮，對說話這件事當然也會——畢竟在開口說話之前，我們難免會因為無法掌握別人會有什麼反應，而感到擔心或害怕。在情緒緊繃的狀態開口說話，就會發生許多我們不喜歡的狀況，像是口吃、冗詞贅句、說話速度太快慢不下來、緊張到腦袋一片空白等等。有時候，則是在說話的過程中，對別人的實際感受有過度的聯想，以為別人不喜歡自己、對自己感到不耐煩，導致表現得越來越慌張，甚至頻頻出狀況。

那我們說話時，到底是在害怕什麼呢？我們可能是擔心，別人會對我們說的話有負面的意見；或是覺得別人認為我們沒有資格說這些話，怕自己表現得不夠完美，擔心別人因此不喜歡我們……

如果你也曾經因為上述的狀況而感到困擾，我相信你一定能懂，那種明明也沒做什麼，卻感到非常消耗、非常累的感覺。

我從二〇一五年的二月開始，擔任「TVBS自信表達主播營」的課程主講人。每年的寒暑假，我都會帶一群小學四到八年級的小朋友們，透過聲音語調與口條技巧的訓練，以及在主播台上播報新聞的體驗，培養他們上台說話的自信。

在營隊的第一天，我總是會安排一個暖身活動，讓所有小朋友們輪流站到舞台上。他們不用開口說話，只需要在台上用眼睛掃視觀眾席，讓眼睛去適應在台上的空間感。

這個練習，對某些小朋友來說一點壓力都沒有。他們告訴我，因為他們在學校常常參加演講比賽，所以不用開口說話，反而很簡單。

不過，其他小朋友就不這麼認為了。有些小朋友站上台後，雖然沒有緊張到發抖，但會感到非常不自在。有些小朋友則是在台上沒辦法控制自己的眼神，掃視觀眾過程當中，眼球會不斷地飄移。下台之後，他會完全不想和我說話，因為他覺得那短短的幾秒鐘讓他很累很累。

後來，隊輔們想要試著體驗小朋友們的感覺，也站上台，用眼睛掃視所有人，結果，他們告訴我，看我示範好像很簡單，但實際自己上台走一次，才知道這有多讓人不安。甚至有一些大人，比小朋友們更無法接受這種不安的感覺呢！

不過，並不是有豐富上台經驗的人就不會有表達焦慮，只是因為他們可以更快地從不確定的狀態中，找到屬於自己於當下環境共存的方式，所以看起來氣定神閑。

好的上台經驗，就像我們人體內對病毒的抗體一樣，身體有免疫力的人並不是不會生病，只是症狀比較輕微，加上可以比較快從生病中恢復而已。

因此我認為：要想自由自在地在人群面前說話，並不是靠解決幾個表象的問題就能達成；而是要培養一種體質，可以讓你在充滿不安的各種環境下，減少各種不確定，並讓你找回你自己。

表達焦慮的背後是不自信

別看表達焦慮只是一個小小的情緒，它使我們造成的內在消耗，對我們的影響是非常巨大的。

「內在消耗」指的就是花費大量的精力，去對抗讓我們不舒服的情緒。在這樣幾乎所有專注力都被佔用的狀況下，我們基本上是沒有餘裕的；而沒有餘裕，就不會有更好的創造力與應變能力去因應外在的情境，做出理想的回應。

學說話的這條路上，我們當然都希望可以治標又治本，既可以學到實用的溝通技巧（外在），也同時改善體質（內在）；讓我們在面對表達焦慮時，可以更好地發揮原本該有的水準。

所以，我們要好好認識表達焦慮背後的成因，了解你的恐懼，會使你看清楚自己有什麼情感的需要。接著，我們就可以想辦法滿足自己的需要，也就能減少表達焦慮造成的影響。

我大致把這些恐懼分成三類：**害怕未知、害怕不被認可、害怕衝突**。

第一種：害怕未知

我想這應該是最常見的。我們在台上發生的所有緊張，幾乎都跟害怕未知有關，像是我不知道觀眾會有什麼反應、不知道觀眾會不會對我不友善、不知道待會還會發生什麼事。這些負面的想法，都來自於未知，就像小孩很怕衣櫃裡有鬼，因為衣櫃內部黑漆漆的，難免會產生很多可怕的想像，自己嚇自己。

若要對抗未知的影響，我們就必須為自己建立**「安全感」**，讓自己在適當的範圍內可預期、可操控。

即使已經有了十幾年的教學經驗，有時候上台前我還是會很緊張，陷入未知的恐懼中。這是因為我要面對的是全新的聽眾，還可能因為場地不一樣、協助的幫手不一樣，而產生更多變數。

所以在上台之前，我會有一些準備的儀式，例如：提早抵達演講的會場，摸索現場投影設備的功能。雖然這些準備在演講時不一定用得上，但是多一份準備，會讓我對現場有更多的掌控性。只要滿足自己的安全感，就能幫助我離開緊張的情緒，全心全意投入到演說當中。

第二種：害怕不被認可

害怕不被認可，其實就是怕會被別人挑毛病。延伸出來的外在行為就是「完美主義」，總要把一切都整理好、準備好，才願意把想法拿出來和人分享。但是問題來了，我們有時候對自己的批判，往往比別人更加惡劣；所以用自己的角度來看，我們永遠都不會有準備好的那一天。

在這裡，我們該學會的是「對自己更加客觀」。如果你無論如何就是很容易對自己產生負面的批評，那麼我會建議你拿起紙筆，試著將自己的優點與缺點，用客觀的文字列出一份清單。

透過理性的分析，為自己創造一種客觀的自我認識，能幫助我們在心中產生一些自我認同的聲音，去抵銷其他不認同自己的聲音。

另外，我們也要重新認識聽眾聆聽的心態。當我們不是聽眾時，很容易將聽眾想像成妖魔鬼怪；但其實，當我們坐在觀眾席時，雖然多少還是會對台上的人挑毛病，更多時候，我們的心思是放在「台上這個人能夠為我帶來些什麼？」的想法上。

過去，當我們對觀眾的觀感產生恐懼時，會有人告訴我們：「你把專注力轉移到正確的事情上，就不會緊張了啊！」這句話聽起來實在正確至極，但卻非常難達成。畢竟你心裡充滿了恐懼，又沒有另外一個能讓你專注力聚焦的東西，眼中當然就滿是恐懼了。

所以在開口說話之前，你必須先認同一件事情：「你是要來為大家帶來好消息的。」當你心裡相信自己說的話會為他人帶來好處，在心中產生了**「意義感」**，那麼你就能將焦點放在這個意義上，擺脫恐懼的侵蝕。

而且，別人在聆聽時，也會感受到你對這些話語的正面心意，就會更加相信「你即將帶來好消息」，所以會把更多的心思放在你話語的價值上，而不是批判。

總之，在得到他人的認可之前，我們要先學會認同自己。只要我們對自己說話的目的越清楚，心裡的意義感越強烈，我們就能把心思更好地放在表達的目標上，而不是他人是否認可的恐懼上了。

第三種：害怕衝突

害怕衝突是人之常情，畢竟人與人之間難免會有意見上的不同。我們在表達不同意見時，很容易因為雙方都希望證明自己那方更正確，而讓空氣中開始瀰漫起火藥味。為了避免這些衝突感，有時我們會選擇對自己的真實想法避而不談。

我們擔心與他人產生衝突，是因為我們不相信別人有足夠的彈性，去接納自己的看法。而這樣的信念，也可能來自我們自己對於別人不同的意見，也缺乏了包容的能力。

這邊我要來談一談關於「包容」的定義。如果是因為害怕衝突，所以將自己的想法隱藏起來，去配合他人的意見，這不算是包容，而是「妥協」。

真正的包容，是一種「主動」的姿態，意思是我可以保留我自己的意見，但同時能從對方的意見當中找出共同之處，或是向對方看待事情的不同角度來學習，然後一起找出第三種選項。

不要被動地等著他人的包容。總是在妥協的人學不會這種能力，而總是堅持己見，不願意接納他人意見的人，也無法擁有這種包容力。相反地，當我們主動的去包容，去接納他人不同的意見，我們就學會與他人協調的能力了。

信念與力量之間，往往是相輔相成的。當我們擁有協調的能力，我們也就越容易相信，與他人進行協調找到出路的可能性。

如果你的恐懼是害怕產生衝突，不妨試著在對話中，尋找彼此之間的**「共識感」**，一旦有共識，人們就能憑藉共識來工作，也就能減少衝突。

「慢」是焦慮的解方

金城武是我相當喜愛的演員之一，在台灣的４Ｇ網路開台時，他在中華電信的廣告中，用溫暖堅定的聲音，說出紅極一時的廣告文案：「世界越快，心則慢。」我認為這個廣告文案美極了，也剛好解釋了人們焦慮越來越嚴重的原因：心慢不下來。（不過這廣告是在二〇一四年拍的，之後可能有很多讀到本書的讀者當時還沒出生呢！）

在我們學會如何改善表達焦慮之前，我想我們可以先養成一個好習慣，就是**「停頓、留白」**。一旦發現自己的狀況不對時，請一定要給自己暫停的時間，即便時間短暫，但只要你能稍微為自己創造一點點餘裕，這些餘裕就能為你此刻的狀況帶來一些幫助。

回到一開始的問題——如果你在開口說話時，基於某種焦慮感導致喉嚨緊繃，又因為擔心安靜會讓人尷尬，勉強自己繼續說話，就變得完全沒有機會好好處理自己的焦慮。這樣只會讓讓惡性循環越來越嚴重。

在這邊，我想跟你分享我對停頓的想法：**「開口說話，是為了與他人連結；停頓，則是為了和自己連結。」**曾經我也以為自己需要說得更精彩，其實最重要的是我得慢下來，停頓不僅有正面的意義，它對於好的溝通品質也有必要性。

你想想，如果你一直處在表達焦慮中，無法很好地表達想法，那不管是多棒的點子、多美的心意，都很有可能因為傳達的品質不好而被忽略。但如果在對話過程中，每句話多個短短半秒鐘的停頓，能讓你擁有更多整理自己的機會，進而讓傳達的品質最佳化，這不是一件很值得的事情嗎？

當停頓在你的心裡有了它的正面的意義，你就不會覺得說話時留白是一件奇怪的事情了。有趣的是，只要你自己不尷尬，別人也就不會覺得這段空白有什麼好尷尬，反而更自在呢！

2-4 你的緊張，其實不需要「克服」

試著想像一下：在上台說話的前一天，你做了非常多的準備，覺得一切就緒。你甚至不惜熬夜，反覆檢查所有細節，想讓一切完美。結果一站上台，感受到眾人的視線，腦袋忽然就一片空白；最讓人感到困擾的地方是，緊張會讓你無法發揮真正的實力。

所以，當我們在課堂上談表達，學員都有一樣的疑問：「該怎麼克服緊張呢？」

首先，有一個觀念你一定要知道：「那些看起來一點都沒受緊張影響的人，腦子裡幾乎都沒有在想著要『克服』緊張。」

你知道嗎？當你不斷對你的大腦重複一個詞，你的大腦就會幫你實現這個詞相關的含意。現在，我們就來實驗看看。

請閱讀接下來的指令：

「請不要想一隻大象，
不要去想那種動物園看到的，鼻子長長的，腿粗粗的，耳朵大大的大象，
不要想大象，我們現在腦海中沒有大象，
不要去想像一隻大象，沒有大象。」

現在，你的腦海裡，是不是真的出現了一隻大象呢？這是人腦的一種運作方式：大腦不接受要或不要，只接受意象。

回到台上說話的現場，當你面對群眾時很緊張，告訴自己不要緊張，你可能就會更緊張；你告訴自己不要發抖，通常發抖會更嚴重；你告訴自己不要再一直講「然後」，不要再有贅詞，你可能講得更多的就會是「然後」。

如果你的注意力都放在「克服緊張」這件事，而不在「表達」，你可能就會忘了

當時上台說話是為了什麼，反而滿腦子想著不能表現得太差。當你無法專注在當下的目標上，而是被其他不重要的事物佔據腦海，這就是所謂的「干擾」。

緊張本身其實並不是問題，但如果我們把緊張看得太重，讓它對思想造成干擾，就會造成問題了。

把專注力放在真正重要的地方

我的主張很簡單：**緊張不需要克服，而是把專注力放在真正重要的事物上。**開口說話到底是為了什麼？是為了展現你很棒？不一定吧？我們之所以產生了想要開口說話的慾望，不就是因為你有些想法想要傳達嗎？

在對群眾說話的當下，你是否想過，你要為大家帶來什麼樣的好消息呢？或者，你想要邀請大家和你締結一個什麼樣的關係呢？

在這裡，我想和你分享我的成長故事：

我從小是很內向的孩子，同學說好我就好，同學說走我就走，沒有太多自己的想法；那時候最常玩在一起的玩伴是家裡對面山上的小狗，所以也沒什麼機會練習表達自己。因此在我越長越大，要開始練習說出自己想法的時候，變得很容易口吃，不知道要說什麼好，也很羞於和別人相處。

口吃，是一種內在不協調的症狀，因為內在情感混亂，導致對外在人事物的反應過度活躍或遲鈍，所以說話也就吞吞吐吐、結結巴巴。這種內在混亂的現象不只會表現在說話口吃，有時說話速度快過腦袋的思緒，會讓內容變得毫無架構；有的時候則是相反，嘴巴跟不上腦袋，講話邏輯就會變得很跳躍。

我常因為口吃的關係，被同學取笑。雖然他們沒有惡意，但我仍然很在意；當我越是在意，說話就越容易口吃，接著又會再被同學笑。時間一久形成惡性循環，最後除了在家裡，我變得不太愛講話，也變得更加內向。

改善口吃的契機，是上高中前參加校外的營隊，在那邊沒有人認識我，所以他們不知道我有口吃的狀況。當時我因為對這件事太困擾，就在營隊第一天向自己的小隊自我介紹時，可憐兮兮地說出了這個困擾：「大……大家好，我……我……我是小虎，我有口……口吃的狀況，在學校常被同學取笑，所以為了避免口吃，我說話很慢，先跟大家說對不起；因為我真的很想要改變，如果我說話不小心太快，請大家提醒我慢下來喔！」

當時營隊的組員們一個個都超有義氣，有人說：「在這裡誰敢笑你，我幫你罵他！」也有人說：「小虎，那如果我發現你說話很快，我比這個手勢對你有幫助嗎？」這位同學用手比出深呼吸吐氣的動作給我看，當下我整個心都滿滿的溫暖。不知不覺地，整個禮拜跟他們在一起都沒有口吃，而且就算興奮說話速度很快，也沒有發作。

當時他們給了我舒服交流的體驗，讓我覺得受到重視和支持，心中對於和別人交朋友、和別人好好說話的想像瞬間變成具體畫面。整個營隊期間，我整個人沉浸在被接納與被愛的光芒中。

若不是因為組員給我的熱情支持，我就無法想像在與人交流時，那樣真誠直接的狀態，有多麼的自由、和諧，也就更不會有後來的交流體驗了。

以前我以為要先克服口吃，才可以得到別人的尊重，不再被嘲笑；多年以後回想起來，其實我該做的是先讓自己成為一個和諧自由的人，就能與他人順暢交流，得到尊重，也就能說話流暢，不再口吃。

不過，並不是所有人都跟我一樣幸運，能遇到很友善的團體。如果回到那個時空，沒有這群朋友，我有辦法克服口吃的障礙嗎？我到了後來才發現，我其實不需要在外在行為上努力做些什麼，而是要在**「內在整理」**這一塊下點功夫。

我認為，**即使沒有外在的支持，我們也要先學會成為自己的支持**。通常內在混亂，無法好好整理思緒，是因為我們「不允許」自己混亂，不能接受自己處在負面感受中，所以那些被掩蓋的、被忽視的情緒，就變成我們的限制，干擾我們發揮平常心，讓我們無法做出更理想的決定。

當面對「恐懼」開口說話的聲音，蓋過了「渴望」好好表達自己的聲音，又能怎麼能讓自己變得更自信呢？

這種自卑、討厭自己的感受是需要好好被照顧的。當我們開口說話之前，可以試著將這些不太舒服的感受當成孩子來照顧。如果孩子哭了，就告訴他你知道他此刻是什麼感覺，他可以哭，而你會陪他哭完，再牽他的手走出來。

當你成為了自己的支持，接下來一樣再回到體驗：想像你說話順暢了，身邊的人給你的尊重、看見，讓你有什麼樣正面的感覺，讓這些感覺在身體裡流動。

這些好的、正向的體驗幫助我面對口吃的過去，也許有一天，它也會幫助你解決許多難題。當你下次要開口說話之前，不妨在一個人的時候，閉上眼睛和自己說說話，當你可以更好地成為自己，我相信不只是口吃，人生中很多難題也能得到指引。

現在我們回到站在台上說話這個情境。雖然在舞台上的你只有一個人，但你並不孤單，最怕的是你一直把自己鎖起來，把自己推到了孤單的邊緣。即使他人心裡支持你，你也無法接收到這些力量，而會一直處於「好緊張」的惡性循環裡。

如果你太過擔心自己的「表現」不好，專注力全放在自己身上，就等於是把自己封閉起來。當你無法放鬆去聆聽他人的回饋，就接收不到正確的訊息，你可能還會過度解讀別人的反應，以為自己的表現很差，讓自己的精神更緊繃，這就是「好緊張」的惡性循環。

只要你願意把自己放開來，將自己和他人之間的距離縮短，「好緊張」也是有機會，變成「好的緊張」。

會緊張，就代表你很重視，我們要做的是保留這份重視的心，然後學會放鬆，減少緊張帶來的精神緊繃。適當的緊張感其實可以幫助

【影片】
緊張真的不好嗎？你應該要知道這些關於緊張的正確觀念！

你更投入當下，表現更出色。當你可以讓緊張為你加分，這就是「好的緊張」了。

讓「好緊張」，變成「好的」緊張

接下來這一篇，我要跟你分享在台上說話時，能幫助自己放鬆的技巧。

我們在眾人面前說話很難放輕鬆，是因為少了一些重要的感覺；而這些感覺，正是讓我們能夠放鬆下來的，最關鍵的內在需求。

影響最深的，就是**「安全感」**。沒有安全感的時候，我們整個人會處於一種警戒狀態，神經緊繃，對任何事情都容易過度反應。第二種感覺，是**「目標感」**。沒有目標感，會讓自己不知道自己正在說什麼，越說越混亂。第三種感覺，是**「認同感」**。如果我們無法從聽眾的眼神中得到被支持的感覺，甚至相反，感覺自己老是被挑毛病，我們也會越來越容易陷入不安。

接下來我要跟你分享我上台說話時會做的「三個練習」，希望也可以幫助你在人群面前放鬆下來。

練習一：在環境中，找回安全感

1. 熟悉環境

你可以提早到現場，進行環境觀察，藉此減少對環境的陌生感，增加掌控性。掌控性越高，安全感也就越高。

2. 調整姿勢

在講台上找到支撐身體的東西，或是舒服的姿勢。

3. 製造儀式感

你的生活中應該也有一些屬於自己的儀式感，像是進入認真狀態之前，先沖一杯咖啡。有些人會戴上耳機，放喜歡的音樂，也有人會噴灑自己喜歡的氣味在身上或空氣中；總之，儀式感能幫助你在短時間獲得力量！

與環境建立關係的方法很簡單吧，只是我們在緊張狀態下，常常無法把注意力從自己身上移開，忘了自己可以去爭取更多的自由。

練習二：與自己溝通，找到目標感

目標感有兩個重點：專注在正面意義，然後去除干擾。

如果你不知道自己上台是為了什麼，只是執行別人給你的任務，你的內在動機不夠強，就會很容易受到外界的干擾。別人一枝筆掉到地上，或是一個皺眉的表情，都可能讓你想太多而緊張。

但是有目標就不太一樣了，只要你的心有方向，就不容易受到他人影響。

當你心裡認為，你是有個好消息要帶給大家，你在說話時，就不會去太想自己的表現好不好，而是會關心別人在聽到這些好消息的時候，表情好不好。

你不用給自己什麼偉大的目標，重點在於：你必須主動向自己確認一個自己會認同的目的。這個目的會讓你的心裡覺得有意義，讓你能從自己的內在得到一些力量。

過程中，難免會有一些干擾跑出來，這些干擾是負面情緒帶來的負面想法，把它通通都去除掉吧！我的做法是，給所有負面的情緒一個正面的意義。

之前有個醫學院的學生，在講座中問我：「要怎麼讓說話更有自信？」我問：「為什麼要讓說話更有自信，你要把自信用在哪裡？」他說：「我的論文口試裡。」

他告訴我，他的教授批評學生的方式有點毒舌，他很害怕。我問他為什麼會害怕，他說了很多理由，不過最後讓我聽到了一個很關鍵的感受，他說：「我覺得教授說這些話是在打擊我，把我推開。」這個感受很真誠，很有畫面吧？

這位醫學院的學生很有抱負，他說他未來要成為很優秀的外科醫生，拯救生命。但是目前對他來說，他的教授就像一座高牆檔在這條路上。

當時我希望能協助他換位思考。我說，那你如果是教授，你會不會批評學生犯的錯？你也會很嚴格嗎？

他想了想，他跟我說：「我會很嚴格，因為我們的工作是救人，我不希望我的學生犯任何低級的錯，」他繼續說：「我想，我的教授可能也是懷抱一樣的心情吧！只是我們有著不一樣的說話習慣，他講話嘴巴比較壞一點。」

我問他：「聽起來你釐清了這些感受的來源了，你可以跟我分享一下，你現在想到教授的毒舌，是什麼感覺嗎？」

他說：「我覺得沒那麼可怕了，雖然我討厭人家說話很酸，但我覺得他的心意是很可愛的。」當他給自己得出了一個正向的結論，恐懼就消失一大半了，我相信教授的說話方式大概很難再影響他的表現了。

希望這位醫學院學生的故事，也能幫助你向內思考，你會怎麼給你心中的負面感受一個正向的意義呢？

練習三：與聽眾溝通共識，獲得認同感

第三個設定比較難，所以我放在最後，因為這需要很多練習，也需要預先準備很多說法。

我們先來說說在態度上的設定吧。要贏得他人的認同，態度真誠比表現完美更重要，太過追求完美，會為彼此關係增加距離感。

另外，有些人在與他人互動時，會希望對方覺得自己好相處，過度配合他人，這樣的行為反而會讓人覺得過於討好，無法平起平坐地自在互動。也有一些人，因為抱持著「我必須很強才能影響他人」的想法，所以會在緊張時下意識地採取強勢的態度來壓過別人。態度不要太討好，也不要太強勢，才有機會讓人卸下心防。

除此之外，你也可以這麼做：

首先，留意你和聽眾有沒有「眼神交流」。在說話的時候，眼睛要看著人，並且去注意他們對你的反應，會讓他人更願意聆聽。接著，就是透過你的話語，「邀請觀眾」和你一起進入接下來要分享的主題，這麼做可以聚焦觀眾的注意力。如此一來，即使你的能力還不足以得到他人的肯定，你認真對待一件事情的態度，也可以成為拉近你和觀眾間距離的原因。

讓人安心、減少焦慮的開場白技巧

最後，我要跟你分享，我在演講時常用的兩種開場白。比起假裝很勇敢，或者把台下眾當作西瓜看待，「主動向觀眾表白」是一種更柔性也相對安全的做法。

第一種開場白的架構是：

1 認同感受

2 正面效益

3 邀請參與

這個開場白的架構，是當聽眾不在狀況內時，將他們的心拉近的一種說話方式，也是我最常使用的開場白架構。

曾經有一次，我受邀進行一場大型講座，那是由五、六所學校聯合舉辦的教師研習活動，主要是希望我能跟老師們分享教學時的聲音表達秘訣。

講座的場地選在一個橫向延伸，而且非常非常「長」的會議室，人數大約可以容納三百人左右。在座位分布上，分左中右三個區塊，每個區塊都有一百多個座位。（請參考示意圖）

當時，主辦單位告訴我，那天的參與者大約有兩百位。然而當我抵達現場時，所有老師都坐在會議室兩旁，中間的一百個位子都沒有人坐。

你可以想像嗎？當我在舞台中間，我正前方超過六十度的角度，有一百個座位是完全空著，一個人都沒有的。我必須將我的頭部和身體轉個一百六十度，才能將我的視線從最左邊的觀眾席，移動到最右邊的觀眾席。（而每次移動的過程都一定會再看到中間空著的一百個座位……）

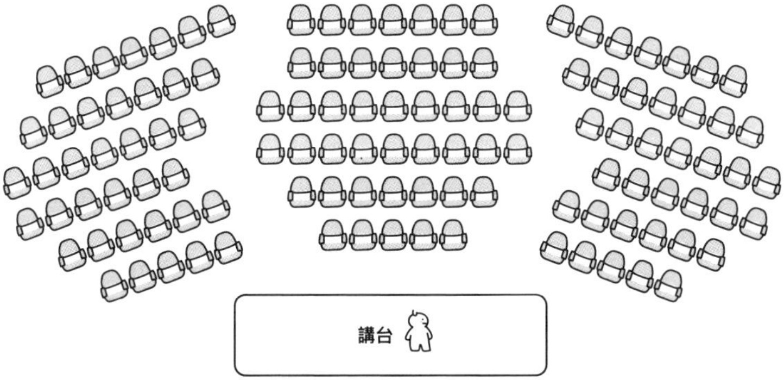

▲ 講座參考示意圖。

這難免會讓人覺得，是我不好相處嗎？為什麼躲那麼遠呢？

當時為我開場主持的老師，費盡唇舌、苦口婆心地邀請大家把中間的座位補滿，卻怎麼樣都無法讓老師們坐到中間來。在交接麥克風的時候，主持的老師還偷偷和我說聲不好意思。

眼看課程就要開始了，我心裡出現兩個選項：

1. 忽略這個狀況直接開始上課？
2. 由我來要求老師們坐到中間來上課？

當我想到第一個選項時，腦中冒出曾聽過的一句話：「只有當學生準備好了，老師才會出現。」如果我直接忽略這個狀況開始講課，是不是就跟台下老師們在學校授課的感覺一樣：「老師很賣力，學生的心卻缺席。」

自從經歷過二〇一三年那場「人生跑馬燈」事件之後，我期許自己每一次與人交流，都能夠有意義，希望這段好不容易撿回來的生命，都能盡量做「正確的事」。

所以，在接過麥克風之後，我說：「這間會議室挺有意思的，場地那麼長，站中間講者的臉得往左右兩側轉啊轉的，我想這若不是要增加鍛鍊的效果，就是分明要跟講者的脖子作對……」講到這裡，老師們都笑了。我繼續說：「我還發現各位老師們都坐在這間會議室的兩側，而中間這塊區域都空著，兩邊各自熱鬧，中間置身事外……」

老師們聽到這裡又笑了，而我在觀眾的笑聲還沒結束前，補了一句：「大家有沒有發現，我們正在做不希望學生對我們做的事情呢？」然後老師們忽然收起笑聲，也收起笑容。一部分老師雙手抱胸，展現出了防衛姿態；也有一部分老師開始思考，陷入沉默，或是緩緩地點頭。

我深呼吸一口氣（心裡緊張得要命），接著說：「其實說這些話，並沒有責備的意思，因為我知道要改變學生真的很不容易。過去大家一定也都做過很多努力，也產生很多挫折，有時候甚至會懷疑自己是否該繼續努力。但是既然你主動報名了這場講座，並且坐在這裡，代表你心裡多少對教學現場的改變有些期待，對嗎？所以我想邀請你，先從自己開始改變，我們才有機會以身作則，感動學生。可以的話，請盡量坐到中間來，讓我們再拉近一點距離，這樣上課也會比較有效果；不過我只是建議，不強迫！我們用兩分鐘調整一下，然後我們重新開始，好嗎？」說完我就回休息室預備了。

說這些話，我的心裡也很緊張不安，因為我從來沒有在台上講過這類的話，很擔心會不會讓老師們聽完感受不好，等下就沒人理我了？或是會覺得我年紀輕輕怎麼那麼大牌？不過，我告訴自己這件事是正確的，為了大家好，我必須要做，趁那兩分鐘的等待，我也收拾了一下自己的心情。

當我回到會場，你猜，中間區塊的座位是否坐滿了呢？

其實沒有，真的移動座位的老師很少，一隻手就能數得出來，就五個人而已。

看到中間依然空蕩蕩的情景，我心裡不免有點失望，總覺得自己冒著被討厭、被丟臭雞蛋的風險，卻沒有得到我期許的變化，有點失落。雖然有點可惜，但我的角色是講師，責任在授課，所以還是得繼續面對。

不過當我開始和老師們打招呼的時候，我說：「各位老師，大家午安！」沒想到老師們居然用比我還要熱情的態度回應我：「午安！」

我驚覺，場地的氛圍確實有些改變了。老師們的坐姿跟剛開始完全不同了，原本是很舒服地將身體向後靠在柔軟的絨布椅上，但後來他們的身體稍稍前傾，聚焦在舞台上，雙手甚至還準備好了紙筆要做筆記。

這一刻，我發現他們的眼神和兩分鐘前完全不同了。

兩個小時的演講裡，老師們和我一起演練，也不斷給我很多回應；結束之後，主持的老師對我說：「小虎老師，我們第一次看到老師們這麼認真，而且下課時間到了也不急著離開，這是前所未有的狀況！」

那天回家之後，我一次次回想這個課程的運作，發現台下的老師們之所以願意繼續聆聽我說話，很有可能是因為他們感覺到被同理了。

我們來解析一下當時開場白的順序：

1　認同感受

一開始，老師們在選擇座位時的心態問題，起源於他們曾做過的努力沒有得到好的回報，我用看見來取代責備，所以讓老師們覺得，我跟他們是同一陣線的。

2　正面效益

再來，我將課程的正面效益表達出來，這也是一種好處的交換。我展現自己帶來了什麼樣的好處（課程的預期收穫），不過要能得到這個好處，需要聽眾們也先給我我想要的好處（課程參與的態度）。

3 邀請參與

最後，是邀請大家透過改變座位的方式，來改變態度。雖然大家後來沒有真的照我說的改變座位，但確實改變了態度。

同樣的，透過開場白的「邀請」，提高觀眾聆聽意願的方法，也可以運用在職場中。

我有個朋友，因為做事幹練，口條也還不錯，在剛進公司不到半年，就被主管安排要在跨部門的會議中上台，代表自己部門向其他部門簡報。他覺得很緊張，準備了很久，但實在沒有相關經驗。

我跟他分享另一個「開場白」的架構，讓他透過一個簡單真誠的開場白，拉近和與會者的距離：

1　先談共識

2　表達困境

3　具體請求

這個開場白架構的目的，是揭露自己能力的不足，但很好地表達出對這件事的態度，也就是重視和用心的程度，藉此得到觀眾的肯定與具體支持。

我請他在開始簡報前，將整個會議的目的再一次表達給所有參與者，讓大家再次被提醒會議的目的，然後再適當地進行一點揭露，表達自己的不完美：

1　先談共識

「各位朋友，今天的簡報目的，是對於我們不同部門之間合作模式的優化提案，希望能為我們的合作品質帶來幫助。」

首先，先談共識，就是向大家表明：「我們一起花這些時間是為了什麼？」

2 表達困境

「不過我上台經驗比較少，雖然已經排練好幾天，這一刻我還是忍不住發抖。」

接著，表達困境，就是告訴別人你需要一點幫助。適當的示弱，容易拉近彼此的心，但是點到為止就好。重點在於，表現出對這件事情的認真態度。

如果台上的人這樣說話：「抱歉，我今天真的很緊張，大家請不要在意喔！」聽起來就會像是把自己的責任丟給聽眾，讓聽眾覺得「你緊張，關我什麼事？」所以，在表達自己能力不夠的同時，請展現負責任的決心。

3 具體請求

「希望大家忽略我這些不專業的表現，聚焦在我們的目標上，如果能得到有建設性的回饋，我相信我準備的簡報與各位的耐心聆聽就會有意義。所以，在開始前，請大家先拿一枝筆。我們待會的簡報中，每個項目都會有編號，請大家記下自己認同的項目，也另外註記你覺得不認同的項目，這樣會更有助於我們報告完之後的討論效率。大家準備好了嗎？那我要開始了。」

最後，你期待他們給你的具體協助方法，因為既簡單門檻又低，觀眾就願意花力氣協助你。當你得到了觀眾的支持，講話的過程中自然就會感到安心，也減少焦慮帶來的影響了。

與他人互相理解、支持的力量，就是這麼有魔力。

第二種開場白的架構，非常適合放在「當自己需要得到幫助」的時候。也請你思考看看：如果將場景換到你的職場生活中，你會怎麼說呢？

【影片】
上台說話會緊張怎麼辦？幫助自己放鬆的小撇步大公開！

從「表現」到「表達」的第二堂課

重點複習：

❶ 要讓聲音有表情，重點不在「如何」做，而是要知道「為何」要說。只要開口說話有背後的理由，聲音自然有情緒（聲音和肢體語言都是如此。）

❷ 藉由手勢或身體動作的輔助，能強化表達意圖。只要明確傳達表達意圖，聽眾的聆聽態度也會跟著你一起改變喔！

❸ 越想克服緊張，就越容易緊張！把專注力放在表達的「目的」上，去在意「意思是否傳達出去」，當你不再糾結「表現得好不好」，你的表現反而會變好呢！

❹ 為自己營造一個「適合講話的情境」也很重要。你可以從三種關係中得到支持：你與環境的關係、你與自己的關係、你與聽眾的關係。

❺ 善用兩種開場白，拉近聽眾的心。只有在聽眾準備好了，你才算是真正站到舞台上了。

PART

II

溝通，從聆聽他人延續

配合慣性建立有效對話

Chapter 3

熟悉溝通「慣性」的第三堂課

3-1
溝通的阻礙，來自慣性不同

曾經有一個廣告台詞這樣說：「人與人之間，最遙遠的距離，就是當我站在你面前，你卻不知道我愛你。」

這樣的概念，放到人與人的溝通裡來看，更貼切的說法是：「當我心裡想著A，嘴巴說了B，可是對方只聽到C，最後又解讀成了D。」

明明我們用的是一樣的語言，為什麼人與人之間的溝通，還會發生這種現象呢？

我想，那是因為，每個人都「不一樣」。

我們成長過程中，家庭背景、經濟、地位、信仰等等因素，讓我們每個人都擁有獨一無二的思考方式。就算你找得到跟你個性很相近的人，思考的方式也依然會有所不同。

當我們思考的方式不一樣，理解同一件事情的方式也就不同了。

聽到別人說「算了！」這兩個字的時候，你會有什麼反應呢？有些人可能覺得無傷大雅，有些人聽了卻會覺得很不高興，感覺像是被敷衍了。

我來說個故事：有一對姊妹，在討論母親節要請媽媽吃什麼，姊姊認為理所當然要選媽媽一直以來喜歡吃的，但妹妹認為往年都吃差不多的菜色，希望來點變化。

兩人一時找不到折衷辦法，討論不出個定案，眼看就快要爭吵起來，妹妹說：「算了，就照舊吧！這樣確實也比較保險啦！」

心裡想著A，嘴巴說了B

妹妹的想法是，知道姊姊認真起來會有點執著，不希望姊妹的對話有衝突感，所以在感覺要吵起來之前，放下自己的想法，用「比較保險」四個字認同姊姊的意見，試圖打圓場。

對方只聽到C

但是姊姊聽到這句話的時候，關注的不是妹妹的認同，而是「算了」這兩個字。

解讀成D

因為姊姊個性比較嚴謹，所以在家裡時常當糾察隊，協助媽媽管教自己的弟弟妹妹；但是他們年紀還小的時候，常會覺得姊姊囉唆，所以常用「算了算了」來打發她。而當下姊姊聽到妹妹說「算了」，聯想到小時候被敷衍的經驗，便把妹妹的認同誤以為是諷刺。

於是原本在討論母親節吃什麼，後來變成在吵姊妹之間的尊重。

故事就說到這，相信你在生活或職場中，偶爾也會遇到相似的狀況。

我們每一個人都有自己習慣的說話方式。有的時候，我們會因為自己的習慣和直覺，誤解他人的意思，或是在說話時讓別人產生誤會。

不過，如果你熟悉人的慣性，就會知道該怎麼去配合對方的習慣說話，或是用正確的方式解讀對方，溝通阻礙越少，溝通的成效就會越高。

3-2 認識溝通的4大類型

我們要怎麼知道別人的溝通慣性呢？其實，從一個人發出的聲音裡，就可以聽出他的思考習慣。

聲音的風格可以簡易地分成四種感覺：**快、慢、冷、熱**。

首先，我們先來感受一下說話的節奏，節奏可以大致分為快和慢。

說話節奏比較快的、比較急促的人，通常在個性上，會比較「重結果」；而節奏比較慢的、比較緩和的人，個性則是偏向「重關係」。

除了速度，我們也可以從聲音聽出溫度，大致分為冷和熱。

說話溫度比較冷、比較靜態的人，通常在個性上，會比較「重規則」；而說話溫度比較熱、比較動態的人，個性則是傾向「重創意」。

聲音的「快、慢、冷、熱」這四種感覺，是否喚起你與人交流時的經驗與感受呢？後面的單元，在為你介紹這四種溝通類型時，我會進一步詳談不同類型說話的感覺，加深你對溝通類型的感知能力，這將能幫助你在更短的時間內辨認出別人的個性。

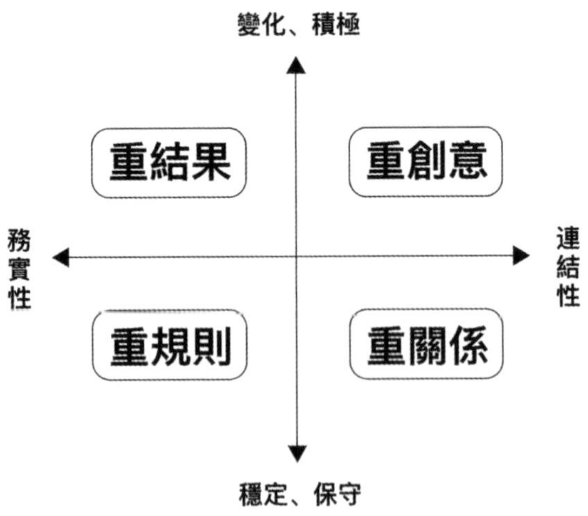

▲ 溝通的 4 大類型。

找出自己的溝通慣性

接下來請按照「覺得最像自己」到「最不像自己」進行分數排列，最像的給5分，第二的給3分，第三的給1分，最不像0分。

題目	分數排列
例 我平日的用餐習慣是……	
A：早餐最豐盛，晚餐隨便吃	0
B：早餐隨便吃，晚餐最豐盛	5
C：少量多餐，時間固定	1
D：三餐隨便吃，時間不固定	3

跟我一起工作或相處的人，可能覺得我……	
A：行事果斷	
B：配合度高	
C：條理分明	
D：健談風趣	

我喜歡的溝通環境是……

A：能表達意見，自己作主	
B：和諧融洽最重要	
C：講道理，不要情緒化	
D：感受到被支持和喜愛	

我說話時，習慣……

A：先講重點，主導溝通的進度	
B：照顧他人的感受，婉轉地說	
C：想得很清楚之後才說	
D：先活絡氣氛，再說重要的事	

我希望別人跟我說話的方式……

A：講重點，別拐彎抹角	
B：我吸收比較慢，不要一次講太多	

C：先把所有原則都說清楚，不要事後才怪我	
D：輕鬆愉快，不要有壓力	

與人意見不同的時候，我會……	
A：說服對方接受自己的意見	
B：以和為貴，願意配合對方多一點	
C：希望彼此保持理性，協調出最好的意見	
D：讓其他人站在我這邊支持我	

我做決定的方式……	
A：考慮能否快速見效	
B：尋求他人的意見	
C：找更多資料，評估後再決定	
D：相信自己的直覺	

對於「改變」的態度……

A：只要好處大於壞處，就是好的改變

B：擔心自己是否適應，怕過去經驗無效

C：思考改變是否合理，有沒有更好的方案

D：船到橋頭自然直，一切都是最好的安排

面對壓力的方式……

A：用行動力來克服壓力

B：逆來順受，告訴自己再忍耐一下

C：分析壓力的原因，找出對策

D：先找人吐苦水，舒坦了再面對

我覺得自己的優點是……

A：不服輸，無法被輕易打倒

B：待人友善，關係忠誠

C：對細節很講究

D：口才好，人緣佳

我自覺的缺點是……	
A：沒耐心	
B：缺乏主見	
C：一板一眼	
D：粗心大意	

四項總分統計	
A：重結果	
B：重關係	
C：重規則	
D：重創意	

重結果的人

重結果的人，說話特色是「又快又重」，反應在特質上，是追求成果、有行動力、有掌控欲的。在溝通的盲點上，則是缺乏耐心，容易因此產生衝突。

重關係的人

重關係的人，說話特色是「又慢又輕」，反應在特質上，是維護關係、善解人意、高配合度的。在溝通的盲點上，則是無法堅持原則，害怕衝突的情況下，容易因此陷入更複雜的狀況。

重規則的人

重規則的人，說話特色是「規律」和「冷靜」，反應在特質上，是冷靜、合理、有原則。在溝通的盲點上，則是壓抑自己的情緒外，也忽略他人的感受，導致事情解決了卻留下委屈。

重創意的人

重創意的人，說話特色是「變化」和「熱情」，反應在特質上，是熱情、樂觀、有感染力。在溝通的盲點上，則是容易因為壓力而逃避，讓人覺得沒有責任感；或是因為話太多，反而把事情搞砸。

我們都有可能同時擁有四種面向

剛才我們談快慢冷熱時，也談到「重結果」「重關係」「重規則」「重創意」這四種溝通的傾向，你有沒有發現，這些模式在你的身上應該都會有，只是面對不同場合、不同的人的時候，你會採取不同的應對方式。

人的慣性其實是很多層次也很複雜的，無法那麼武斷地說，因為你常常說話很快，就一定是重視結果的人；或者你說話很慢，就一定是比較重視關係。

學習分辨這四種基本的類型，是為了幫助我們培養自己的觀察力和敏感度。當我們越熟悉如何辨識溝通類型，在溝通的當下就越容易意識到別人說話時的弦外之音、言下之意。當你能夠更好的理解他人，也就意味著你能夠與他們建立更正面的連結。

3-3 第一種溝通類型：重結果

從聲音來認識一個人的說話風格時，通常我會分為三個面向：聲音習慣、性格特質、溝通的盲點。

在談聲音習慣之前，我們來說說，聲音要聽些什麼：從附圖中的表格來看，我們可以看到有**「節奏」「溫度」「力道」**和**「來源」**這四個項目。其中「節奏」，就是說話的語速；而「溫度」呢，則是他們展現情緒的方式會給人什麼感覺；「力道」指的是他們說話時，你會感受到什麼樣的力量；最後「來源」則是指，說話時身體的動能，來自身上的哪些地方。

快／重結果

節奏	**快**	咬字快、語速快，反應也快
溫度	**溫差大**	即冷即熱，情緒變化快
力道	**重**	直來直往、結尾短促有力
來源	**大肌肉**	核心肌群、手勢多、前進姿勢

▲ 第一種溝通類型。

重視結果的人，最大的特色就是節奏「快」和力道「重」。他們不僅說話的速度快，回應別人的反應速度也很快。這種類型的人開口發聲的力道比較重，每個字的結尾都是短促又有力的，這樣的聲音非常適合拿來發號司令呢！

在溫度方面，重結果的人在表現情緒時溫差很大，是因為他們比較少考慮到人接收到情緒的感受，所以容易讓人覺得脾氣暴躁。另外，這類人的溫度表現還有即冷即熱的特色，也就是說溫度變化非常地快。這是因為這類型的人反應太快了，所以遇到事情時，情緒就來得快；不過因為他們的情緒都是對事不對人，所以要切換情緒也很快。

最後，我們會聽發出聲音的來源。重結果的人，習慣用身體大肌肉來協助發聲，在說話的時候，手勢常常向前伸出去，而且迅速有力，有時候讓人感覺有侵略性。就算沒有手勢動作，核心肌群也會跟著說話的節奏發力，所以身體會邊說話邊往前傾，可以說是用全身來製造動能的。這樣的說話習慣，也可以對應到他們的人格特質，那就是：重視身體力行，積極追求成果。

重結果的人，有什麼特質？

一個人的聲音習慣，大多來自於個人特質，剛才在介紹不同人的說話方式時，我想你一定也能稍微想像出他的個性吧。

「重結果」就字面意思來看，就是有著明確的目標、追求成就感的人。這樣的人，往往很有主見和行動力，不輕易受影響；反應快速、做決定果斷，不拖泥帶水。

「重結果」的人，也勇於挑戰，不怕冒險。因為放眼的是未來，所以過程中不容易被當下的挫折擊倒；反而會因為喜歡挑戰性，越挫越勇呢！

另外，為了追求更強的成就感，這樣的人也會有強烈的企圖心，努力提升自己的實力和地位，來創造更多的影響力。不過也因此具有強烈的掌控欲，不喜歡事情不符合自己的預期，一旦覺得偏離目標，就會果斷地出手干預。

重結果的溝通盲點

這種溝通類型的人，在壓力較大時會顯得比較強勢、霸道，容易帶給別人壓迫感。因為重結果的人，他們通常很有自己的想法，但也很難被說服他們會努力證明自己的意見更好，或自己的權力更高，使他人妥協。

同時，因為這樣的人比起人情和過程，更重視有沒有達成目標，所以常常會因缺乏耐心而在溝通的過程中出現摩擦。尤其，當他們面對說話速度較慢、比較婉轉的人，往往會表現出不耐煩的態度，這可是會讓人感覺很受傷的。

我來說個關於缺乏耐心而造成溝通阻礙的故事：

Robert 是一位公司的高階主管，他發現員工的工作效率好像受到一些行政流程的影響，希望他們可以向他提出改善的意見。

他剛發出這樣的邀請時，有許多員工到他的辦公室述說工作遇到的狀況；但是這些員工離開 Robert 的辦公室時，都一副剛被臭罵的臉，導致後來大家都不敢跟他說了。

在他的辦公室裡，到底發生了什麼事呢？

是這樣的：因為 Robert 的個性是重視結果的人，說話也比較快，雖然他是好意邀請大家跟他誠實表達對工作流程的看法，但他在聆聽員工說話時，沒有切換成適合聆聽的模式，反而是用解決問題為優先——也就是期待別人說話時先說重點，再來講細節。

不過，對於大部分的人來說，他們習慣將自己遇到的狀況先說明清楚，才講具體建議。這讓 Robert 覺得員工都沒有提出具體的建議，反而是利用這個機會跑到他辦公室來抱怨，讓他覺得很不耐煩。他在過程中頻頻打斷別人說話，讓他們覺得很受傷，所以最後就選擇乾脆不說了。

這種明明是好意，卻弄得兩敗俱傷的情境，在我們的生活中，真的常常會發生呢。

請你稍微思考一下：如果你是 Robert，你會怎麼聆聽員工說話呢？另外，如果你是他的員工，怎麼跟 Robert 說話會讓他比較有耐心聽呢？先把答案放在心裡，在看完所有章節後之後，我相信你會更清楚應該怎麼做。

3-4 第二種溝通類型：重關係

上一篇文章談到「重結果」的人，說話又快又重，不過接下來要介紹的類型恰恰相反。「重關係」的人說話的特色是又慢又輕，因為在乎他人聆聽的感受，所以語速緩和、發聲力道也很輕柔。

我們一樣會分為聲音習慣、性格特質、溝通的盲點這三個部分來談。首先，我們來分析重關係的人和重結果的人，在聲音習慣上有什麼不同吧。

很多時候，重關係的人在開口表達前，需要醞釀比較久，所以說話時常常會有很多預備音，像是「嗯……」「那個……」等等。

慢／重關係

節奏	慢	字音長、語速慢
溫度	溫暖	用心感受、善解人意
力道	輕	在乎他人感受、有預備音
來源	胸口	呼吸起伏、動作和緩、弓背

▲ 第二種溝通類型。

這些預備音，除了將咬字的字音長度拉長，也會將開口說話的力道分散掉，所以這類型的人發聲的力道往往比較弱。

重關係的人，在說話時會讓別人感覺到自己的心情受到呵護，給人很溫暖的感覺。這種溫暖的感覺也來自於他聲音的來源，因為說話的力量來自胸口，會讓人覺得他們的聆聽與回應都是用心在感受的。同時，因為他們說話時的姿勢比較傾向是稍微弓著背的姿勢，將胸口含在身體的內側，所以會讓人覺得很謙虛。

胸口的力量，是以呼吸帶動胸口的起伏，所以說話的出氣量會比較大，聲音的氣音就較多。這一種胸口的力量所代表的人格特質，是比較感性而且重視關係的，有趣的是，如果他們很認真說話，話說得比較多的時候，也容易講得氣喘吁吁呢！

重關係的人在每一句話的結尾，也可能出現很多氣音，讓人覺得他們很像是一邊說話、一邊淡出現場。這樣的說話方式相當沒有分量，聽起來也還蠻催眠的，也就不太適合用在長時間的公眾表達情境，像是教學、演說等等。但如果將場景轉換成進行一對一陪伴式的對話，那麼這樣的聲音反倒會讓人感覺到安心，也容易讓對談的人打開心房。

重關係的人，有什麼特質？

「重關係」的人，比較在乎人情。他們對人友善、親切，而且善解人意，會花時間和精力去照顧他人的感受，或是耐心地聆聽並且同理別人的心情。我們容易從這樣的人身上感到溫暖與包容。

雖然溫和的他們在人群中比較沒有存在感，但是這類型的人配合度很高，也很忠誠，對於團體的穩定性來說，是不可或缺的存在。

過程導向的他們，雖然也能享受成就感，但他們會更重視意義感，也就是說，他們做的事情，是否對身邊的人或環境帶來正面影響。若他們感受到的意義感越強，他們的成就動力就越強。例如說，比起高收入的工作，他們更會選擇一個讓自己「被需要」的環境，通常是助人工作，或是偏向服務性質的工作。即使這些工作收入相對不高，但那種被需要的意義感卻無可取代。

不過相反地，如果他們的生活中缺乏這種意義感，他們就會把心思放在配合他人身上。他們會擔心被別人討厭，也害怕無法融入團體生活，比較容易缺乏主見，讓人覺得老是在討好別人。

重關係的溝通盲點

重關係的人喜歡穩定，如果生活中出現太多變化，就會很有壓力，不知道該怎麼辦才好。在無法釐清自己思緒的狀況下，就容易優柔寡斷、猶豫不決，無法即時做出決斷，把重要的事情一再拖延，最後還可能還會發展成糟糕的狀況。

相對於重視結果的人，維護關係的人也比較沒有自己主見。有時候，他們甚至會因為太在乎他人感受，想盡可能避免衝突，而過度配合他人。這讓他們在立場上會顯得搖擺不定，缺乏原則。

關於「過於想要避免衝突而造成的溝通衝突」，這邊要跟你分享個故事：

Amy一直以來都認為「人以和為貴」，無論在生活中還是在職場上，都盡可能不與人產生衝突。本來人見人愛的她，在當上主管後，卻因為一個團隊成員，讓她失去所有人的好感。

她的辦公室裡有位同事A，他是個行為有偏差的人。同事A雖然有能力，但很瞧不起其他同事，待人處世不懂得體貼他人，脾氣又很差。其他同事都對他的許多行為感到不滿，希望主管Amy能負起責任，要不就辭退這個人，要不就好好勸導對方，讓同事A能有所改善。

但Amy很怕同事A的壞脾氣，擔心自己口氣不好反而把事情鬧大。每當有機會規勸的時候，都會因為Amy說話太過婉轉，導致同事A不僅沒有接收到她的意思，甚至還表現得很不耐煩。

其他同事看在眼裡，本來很同情Amy，認為遇到這種燙手山芋運氣很差；但Amy的處理態度越來越消極，後來甚至開始希望其他夥伴接納這樣的人。她常會在其他人抱怨同事A之後，說：「唉唷，你知道他的個性就這樣嘛，習慣了就好啊！」

讓其他夥伴感到很不公平，開始在私底下批評主管：「原來只要脾氣不好，就可以有特殊待遇嗎？」漸漸地，夥伴們在茶水間表達對同事A不滿的聲音，變成了對Amy不滿的聲音。

故事就說到這，不知道你的生活或職場中是否也上演過類似的劇情呢？當我們害怕衝突，有時反而會延伸出更多的衝突。

3-5 第三種溝通類型：重規則

「重規則」的人，聲音的特徵是節奏的「規律性」和溫度的「冷靜」，規律性會表現在他們的語調上，高低起伏很有規則，讓人覺得很穩重。但是話多的時候，就要小心很容易讓人打呵欠。

這類人冷靜的特質，會表現在說話的態度上。比起傳達感受，他們更重視說話內容，所以讓人覺得不帶太多情緒，感受不太到熱情；不過會讓人覺得很認真。在咬字上，他們總是很清晰、字字分明，甚至清晰到會有點銳利，讓人不敢跟他們吵架。

冷／重規則

節奏	**規律**	語調起伏有規則
溫度	**冷靜**	以內容為主，咬字清晰
力道	**點到為止**	不卑不亢
來源	**頭部**	頸部動作、手勢少，姿勢固定

▲ 第三種溝通類型。

在說話的力道上，這類型的人往往是點到為止。他們的態度內斂，但不會讓人覺得是害羞的；他們不畏懼表達想法，不過卻也不會過度展現鋒芒——就是相當標準的「不卑不亢」。

重規則的人在說話時，身體產生的律動非常少，大多落在頭上，頭部的力量代表的是理性、覺知，而他們的語氣變化，則會表現在點頭、抬下巴等頸部的動作上。

也因為身體較少幫忙發力，所以說話的音量通常會在「稍微偏小，但仍聽得清楚」的範圍內。重規則的人說話的手勢也比較少，往往是維持一個固定姿勢在說話，必要時才會用肢體動作來做指引。

重規則的人，有什麼特質？

「重規則」的人，給人的感覺是：冷靜、嚴謹、有條理的。這種類型的人要不表現得像是一個善於分析的思考者，就是一個幹練的計畫執行者。他們也很重視合理性，有時不太能接受沒有規則的事物，所以有時候他們會對無厘頭的笑話反應冷淡，因為他們不能理解這些不合理的事情哪裡有趣。

重規則的人非常細心，很重視各種細節，追求完美；因此，他們也非常容易取得他人的信賴，被人依靠。

然而，重規則的人戒心比較高，所以不會輕易相信他人，總是展現獨立而堅強的一面，可能會讓人覺得冷冰冰的。他們非常有原則，所以從交友方面來看，他們通常會將工作和生活分得很開。

另外，即使是在工作以外的場合交朋友，重規則的人依然會將朋友的層級分得很清楚，像是親密好友、好友、普通朋友、點頭之交、知道的人等等。

他們對人有著很高的評斷標準（高標準），唯有達到了標準，才有機會進入他們的信任圈，看見他們卸下心防的模樣喔。

在你的生活中，有沒有典型的「重規則」的人呢?他們話不多，卻總是一針見血；短期看似腦筋死板，長期觀察才知道是真知灼見。他們有很多原則、很龜毛，但有了他們，卻能感受到秩序帶來的安定感。

重規則的溝通盲點

在面臨壓力時，重規則的人，可能給人的負面感覺包括：神經質、悲觀、過度批判。雖然重規則的人總是預先做好各種準備，然而面對太突然的轉變，或是事情有了預料之外的發展，他們很容易大驚小怪，並且開始對人、對事進行檢討，或是對規則鑽牛角尖。

在這樣的狀況下，他們為了讓事情有好的發展，會選擇忽略自己與他人的感受，全心全意只求解決問題，說服大家一起做出最「合理」的選擇，最後導致「危機解除，但士氣低迷」的結果。

來講個「追求合理卻失去友誼」的故事吧！

我有個朋友叫 Gary，他的興趣是劍道。因為他很認真也有實力，臉上又沒什麼表情，總是酷酷的樣子，師弟師妹都很崇拜他。

有一個師弟 Ben，對劍道很有天分，一直以 Gary 做為目標，希望有一天能追上他的實力。可是，後來他卻忽然對劍道失去熱情，退出道館了。

多年後，Gary在職場上巧遇了Ben，覺得很懷念，就相約一起吃個飯。結果才知道原來當初Ben是因為Gary的關係放棄練劍的，到底怎麼回事呢？

原來，在當年，Ben有一天在道館對練劍的時候，主動去找Gary提出對練的邀請，結果Gary卻說：「我認為你應該去找一個實力相當的人練習比較好喔！」期待被自己偶像認同的Ben聽到這句話之後，感到非常受傷，不知道怎麼面對憧憬的對象，讓他很不自在；他也因此漸漸地少了幹勁，最後就沒繼續練劍了。

Gary聽了很驚訝，其實他當時不是那個意思。因為Ben真的很有天分，Gary也很欣賞他練劍的態度；當他收到邀請時，心裡其實很高興，也很想和他一起練；不過他擔心自己不擅長言語，沒辦法給出適合這種天才種子的建議，所以才請他找一個更強的對手互相切磋。

Ben苦笑著說：「唉，當時你如果這麼跟我說就好了嘛！我現在才認識到，原來你那麼不會說話！」

為什麼明明欣賞對方，也想要跟對方一起練習，卻選擇請對方找別人練習呢？因為對Gary來說，這是最「合理」的選項；但是他沒有意識到，這個「合理」的代價卻是這麼戲劇性的誤會。

故事就說到這，我們可以由此得知：重規則的人，總是想要做出最合理的選擇，但是有時候很容易忘記要表達選擇背後的善意，因此很容易讓人在這種過於理性的「合理」當中感到委屈、受傷。

3-6 第四種溝通類型：重創意

我們一樣從聲音習慣、性格特質、溝通的盲點這三個部分談起。首先，我們來聽聽「重創意」的人聲音有什麼特色吧。

上一個章節談到「重規則」的人，聲音是「規律」又「冷靜」，而這個單元要介紹的類型則相反。「重創意」的人，說話的特徵是節奏的「變化性」和溫度的「熱情」。

變化性這項特徵，會表現在說話的語調上。他們說話時的高低起伏總是讓人抓不到規則，表情非常豐富。

「熱情」的特質，則是表現在表達的意願上——他們太樂於表達了。這類型的人在說話時，開口的力道稍強而且具有連續性，像是用震動的方式一點一點滲透的感覺，彷彿快速連發的機關槍！

重創意的人說話時，重視表達情緒，而把說話內容當成只是情感的輔助工具，所以咬字時很容易有「吃字」的狀況，也就是字和字之間黏在一起，每個字都沒有說清楚就跳到下一個字。不過大多時候就算嚴重吃字讓人聽不清楚，也還是可以聽懂他們想表達的意思。

重創意的人說話的力量是以喉嚨為中心，然後向身體其他地方借力量來表達的，所以不僅臉部表情很多，肢體語言也很豐富。

重創意的人在說話時，身體產生的律動是沒有規律的。他們大多時候身體會往前傾，但姿勢很快就會產生變化，你會覺得他的身體一直在前後左右搖來搖去，還會伴隨一些上下跳動，跟跳舞一樣。

熱 / 重創意

節奏	變化	情緒起伏難以預測
溫度	熱情	以情緒表達為主、表情豐富
力道	震動	連續、滲透感強
來源	喉嚨	自我表達、臉部與全身動作

▶ 第四種溝通類型。

他們說話的手勢，大多時候目的是在比劃他們腦中的想像畫面，所以總是會將手抬到胸口高度。總結來說，重創意的人肢體語言和他們的臉部表情一樣精彩。

重創意的人，有什麼特質？

「重創意」的人，給人的感覺是：熱情、樂觀、有創意的。

對他們來說，創意是「玩」出來的。他們會像小孩玩積木一樣，將身邊的人、事、物都當作積木，用自己的方式組合出許多變化。在人際關係中，能將周遭環境的所有資源整合在一起，並且創造更多的豐富性。

發揮創意的過程，讓他們也培養了善於交際的能力。在待人的時候，他們能展現活潑、風趣、自信的一面，同時也樂於與他人分享，給人很慷慨的感覺。

重創意的人擁有強烈的情感表達能力，往往能發揮感染力，讓氣氛變得愉快，或是鼓舞人心；而他們誇張的情緒表現，有時候也莫名地有說服力。

重創意的人有鼓舞者的形象，也會有像孩子一樣天真的面貌。他們強烈好奇心的背後，又帶著有點摸不透的神秘感，給人大智若愚的感覺。重創意的人非常樂觀，而且隨興；比起結果，他們更重視過程中是否玩得愉快，所以對於最後的結果如何，往往都不是很在意，對他們來說，一切都是最好的安排啦！

不過，也因為不在意結果，他們時常會忽略細節，或是沒看見危機而過度樂觀。也因為太重視感覺，觀點往往不夠務實，甚至有時會讓人感到無法放心。

重創意的溝通盲點

面對壓力的時候中，重創意的人可能給人的負面感覺是：不正經、逃避、缺乏責任感。因為他們很不喜歡壓力，所以會下意識地想逃離這樣的情緒。當他們感到壓力的時候，可能會有兩種極端的反應：一個是直接逃離現場，一個是超級聒噪，講個不停，用說話掩蓋自己的不安。

然而當他們話一多，就會讓人覺得正在顧左右而言他，被認為是沒有責任感，甚至還會因為話多而不小心失言。

說到「因話多而誤事」，我想跟你分享我個人年輕時的糗事！

記得當時公司想要舉辦講座，邀請業界的名人和老師來演講，我則被安排當活動主持人。因為那時我還缺乏相關經驗，所以整個人非常緊張。為了保持反應力，我的情緒一直處在很緊繃的狀態中，語速也變得非常快。

當時，我為了讓人覺得我對活動的一切都瞭若指掌，對任何現場發生的事情，我都會做出反應。

例如當講者喝水，無論還剩多少水，我都會立刻幫講者把水杯再次裝滿；或是只要麥克風稍微發出一點點雜訊，我就會緊張兮兮的跑到擴大機旁邊，檢查哪裡有問題。

現在想起來，那種神經兮兮的感覺，反而才會讓人感到不自在吧。

當時我最有印象的一件事，是當我在說話的時候，有學員不小心將筆掉到地上。當時我馬上跑去幫他把筆撿起來，他正要道謝時，我卻試圖打圓場，對他說：「唉唷～我知道我講話很無聊啦，也不要丟筆嘛～」

那個當下，我看見他將感激的表情收了起來，瞬間板起一張臉，完全不正眼看我。這時我才知道，哎呀糟糕，這下得罪人了……

其實我靜靜地幫他把筆撿起來就好了，何必硬要展現幽默呢？當時那樣自以為幽默的說話方式，大概讓對方在當下覺得很丟臉吧！

故事就說到這，希望跟我一樣傾向「重創意」的朋友，能意識到自己的不自在，謹慎的選擇該說的話，才不會因為話太多，反而誤了事。

【延伸課程】
提升溝通好感度，你該認識的四種溝通類型

本書 Part II 的影音版，購課時輸入折扣碼 tigerbook01，可享 100 元折扣優惠。
如果對於四種溝通類型的說話方式仍難以想像，在這裡可以聽到小虎老師的親聲示範喔！

Chapter 4

化解溝通「衝突」的第四堂課

4-1 重結果與重關係的人，如何解決溝通衝突

介紹完前面四種溝通類型後，接下來想跟你分享：在職場或是生活中，和溝通對象發生衝突的時候，我們該如何達到和諧的溝通，提高對話的品質。

重結果與重關係的人，是怎麼產生衝突的？

重結果的人，說話方式比較直來直往；重關係的人，在說話時則是比較委婉，在一般交談的時候，就可能會有點不太順利了。因為重結果的人期待先聽到重點，聽別人花那麼多唇舌鋪陳細節，會覺得很浪費時間，於是容易表現出不耐煩；而不耐煩的態度，就會讓重關係的人感覺很受傷。

另一方面，重關係的人做決定需要比較多時間來醞釀；但是重結果的人說話時會比較專注在推展進度，這會讓重關係的人覺得自己正在被催促，甚至被逼迫要立刻做出決定。在壓力之下，他們會隱藏自己的真實想法，用應付的方式來表達不滿，這樣也會讓重結果的人感覺自己說話不被重視。

了解重結果與重關係的人是如何在溝通時發生衝突，那麼現在我們就來學習怎麼跟這兩種類型的人溝通吧！

與重結果的人溝通：要直接

首先，我們來看看重結果的人喜歡怎麼樣的說話方式。

簡單來說，跟重結果的人說話「要直接」。因為他們很重視效率，所以說話時一定要盡早把大方向表達清楚，告訴他這件事可以帶來什麼樣的效益、投資報酬率，讓他可以比較快進入下一步的思考。因此，如果你需要向重結果的人溝通，你可以使用**「PR法」**。

P：Point（重點）

R：Reason（理由）

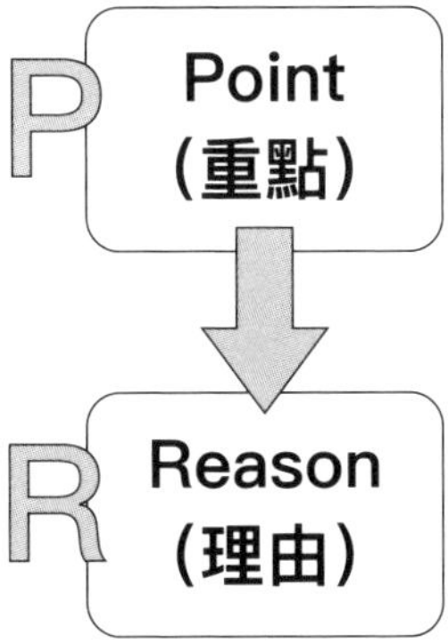

這邊介紹一下「PR法」這個說話架構：P是Point，可以解釋成觀點或重點，R則是Reason，意思是提出這個觀點的理由。

簡單來說，就是要開門見山，一開始就表明來意，並且說說這件事情對他而言有什麼幫助，例如：

「你剛才說，你對時間管理滿頭疼的，我想推薦你一個相關的課程，它會讓你改善安排工作的方式，有更高產能，又能安排時間休息，徹底改善你的工作與生活品質。」

這個例子，開頭的 Point 先點出對方的痛點，並且直接說明要推薦課程給對方，這樣他就會知道你的整個大方向，從這個方向思考是要接受你的推薦，還是不接受。後面的 Reason，則是簡略說明接受這個推薦的好處，如果這些好處剛好打中了對方的需要，那麼就能讓對方感興趣、想要進一步知道更多。

在使用 PR 法這個說話架構時，注意說完 R 之後要停頓，讓對方有時間反應，或是加一句「你覺得如何？」如果太急著繼續解釋，會有一點風險，因為你不知道你所表達的內容是否緊扣著對方的需求；如果沒打中需求，那這樣就變成你自顧自地說話，浪費了他的時間，你也得不到想要的回應。

相反地，如果你透過停頓，給對方主動詢問的機會，你就能知道你剛才所說的內容之中，哪個部分剛好是他的需求。只要針對這一點更進一步深入去談，就能增加對方接受提議的機會。

在我們介紹「重結果」類型時提到的例子中，Robert之所以會覺得員工到他的辦公室都只是在抱怨，是因為開頭沒有先聽到他期待的重點，也就是針對行政流程的解決方案。這導致他在聆聽員工說明狀況時，就失去了耐心。

如果你是他的員工，這時候就是使用PR法的時機，先說你認為如何改善，再解釋為何這樣的方案會對你有幫助，聆聽的意願越高，配合度自然就越高啦！

與重關係的人溝通：有意義

那麼，重關係的人喜歡什麼樣的說話方式呢？

跟重結果的人相反，重關係的人期待的是「有意義」。要說服他們，要把PR法反過來，變成**RP法**——也就是先說明理由，之後再講重點。

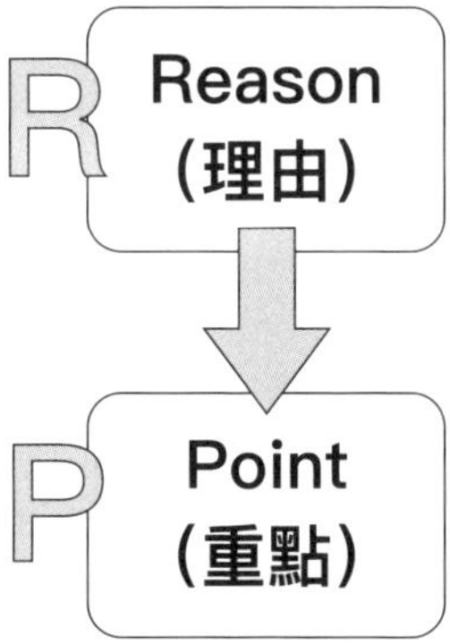

R：Reason（理由）

P：Point（重點）

重關係的人滿容易安於現況，就算對生活有一點小小的不滿意，他們也很能夠找到自處的方式。在這樣的情況下，若要他們為了改變而付出代價，他們往往是不願意的。不過，重關係的人，會因為被人看見而感動，然後因為強烈的「意義感」而行動。所以如果你要使用ＲＰ法來推薦時間管理課程，你可以用關心對方的角度來說：

「我有大概聽說你的狀況，我覺得你工作量這麼大，休息時間又那麼少，還能一直堅持下去，真的不簡單耶！（哈哈，沒有啦！）你會不會有時候也會想要給自己好好放假一下，暫時放下這些壓力呢？（唉，當然想啦，但是怎麼可能嘛！）嗯，我知道你的責任感一定不允許你這樣放鬆！不過如果能找到一種好的工作管理方法，可以讓工作安排得更有效率，在完成手邊任務的同時，也能讓你有足夠的時間休息，你會想要試試看嗎？（真的有這種方法嗎？）有啊，而且如果你學會了，不僅可以讓你自己輕鬆一點，還可以幫助更多身邊的人喔！你有興趣參考看看我們公司開的這堂時間管理課嗎？」

聽完這個例子，你是否覺得RP法很不容易呢？提高意義感，有幾個簡單的做法：

1.「表達對他的肯定」

像是你看見他默默的付出，這會讓對方覺得被你關心，站在他的立場考慮。

2.「提出針對他的好處」

透過對談來關心他，你會知道他有哪些需要，請多去談談他需要的好處，讓他更願意考慮你的說法。

3.「有利他性的提案」

提出的好處，除了讓他變得更好，也讓他身邊的人受惠，這也是意義感的來源喔！

4-2 重規則和重創意的人，如何解決溝通衝突

前面介紹了兩種溝通類型在生活中會遇到的衝突；接下來我想和你分享：當重規則和重創意的人產生衝突時，該如何更和諧地進行溝通。

規則與創意的衝突劇本

重創意的人在表達的時候，喜歡談感覺；而重規則的人聽到感覺，除非是已經成為忠實夥伴的朋友，不然大多會無動於衷。重創意的人容易因為警覺性冷冷的回應，覺得不被在意而感到挫折。他們為此做的努力，就是分享更多的感覺、描述畫面等，試圖打動對方；但重規則的人可能因為沒有聽到實質的證據，就更加不理會。

相反地，重規則的人表達習慣要有證據，所以在談任何主張之前，都會用很多的事實、數據來做鋪陳。然而，缺乏畫面感的表達方式，對重創意的人來說，會感到無聊，他們會回以禮貌微笑但不以為然的態度。對重規則的人來說，這些敷衍態度會讓他們覺得不被尊重；他們為此做的努力，則是用更多有力的證據來表達自己的正確和可信度。可惜，重創意的人就是對這種表達方式不太買單，這會反而會讓他們的自尊心更加受傷。

透過以上的說明，我們知道了重規則與重創意的人如何在溝通時發生衝突；接下來，我們就來學習怎麼跟這兩種類型的人溝通吧！

與重規則的人溝通：要合理

跟重規則的人說話「要合理」。他們如果沒有聽到足夠的合理性，就不會輕易相信別人說的話；所以如果想要說服他們，就必須拿出客觀的證據來，例如數據、研究報告等等。

上一個單元，我們介紹了開門見山的PR法：先講重點，再做解釋。對於重規則的人，我們要將證據加進這個架構裡，也就是加入E，Example，變成**PREP法**。

也就是說，在原本PR法的後面，加上一些實際的例子或證據，這就是Example。最後再回到P，聚焦到原先的結論上。

在這邊，我同樣舉推薦時間管理課程給對方當例子。如果你想對重規則的人使用PREP法，可以這麼說：前面先是PR

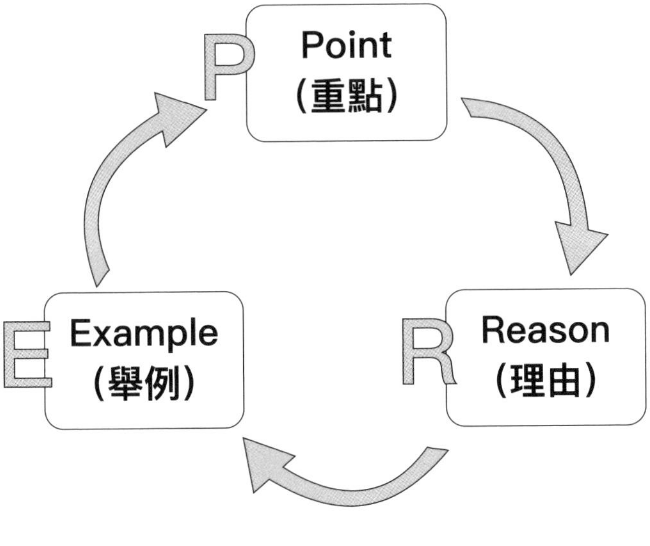

法：「你剛才說，你對時間管理滿頭疼的，我想推薦你一個相關的課程，它會讓你改善安排工作的方式，有更高產能，又能安排時間休息，徹底改善你的工作與生活品質。」

接著在後面則是E，提供更多證明：「讓我從三個方向為你分析，第一，關於工作的排程方式……（中間省略）」

最後，用P再次聚焦這個行動方案：「晚點我將這個時間管理課程的相關資訊Line給你，好嗎？」

以上就是PREP法，你學會了嗎？

這個PREP法，是幫助你「將一個觀點表達清楚」的說話架構。這不僅適用於提高合理性，如果你是個教學者，或是工作上需要進行簡報說明，PREP法將是個可以為你省下許多時間，又有說服力的說話方式。

與重創意的人溝通：有畫面

跟重規則的人相反，如果你說話太死板，讓重創意的人感到無趣，就會失去他們的專注力。所以跟重創意的人說話，請一定要「有畫面」。我常開玩笑說這個法則叫LDS法，用台語來念就是：「喇低賽」法則（台語「抐豬屎」，亂聊天的意思。）

在授課過程中，重創意的人會因為這樣突如其來的冷笑話，覺得我接下來說的話可能會很有趣，於是提高了專注力。不過我們要做的不是一般的閒聊，而是要透過輕鬆的方式，讓對方在對話的體驗中感覺良好，所以需要「互動如朋友、描述如親臨」。

像朋友般熱情互動，對於重創意的人來說容易感到放鬆；當然，偶爾給他一點適度的讚美與肯定，會使他們心情愉快。

再來，「描述如親臨」的意思就是，當你在描述一件事情的時候，要彷彿將他帶入那個情境，讓他去親身經歷一樣。

舉例來說，如果你想請對方考慮買一台除濕機，你說：「控制空氣濕度可以減緩過敏症狀喔！」對他來說沒什麼畫面，一旦沒有想像，就不會放在心上去考慮。

所以，多描述一些情節和感受，會幫助對方產生想像喔！例如：

「說到過敏啊，我跟你說，其實我剛來台北的時候，也因為潮濕的關係，鼻子過敏非常嚴重喔！有時候發作起來，一直打噴嚏流鼻水，完全沒辦法專心工作，那種一大包的面紙，我擤鼻涕一天就可以用掉快兩包，而且打噴嚏打到整個身體都沒力氣，什麼事情都不能做，讓同事扛起我的工作讓我心裡也非常過意不去，所以讓我下定決心要解決過敏的問題。後來，我買了一台好的除濕機，整個狀況就真的差很多了。我從來沒有在台北呼吸這麼順暢過，從來沒有，真的很神奇！」

順帶一提，你也可以在對話中加入像是猜謎問答這種有趣味性的互動方式，也會讓重創意的人產生更多好奇喔！

「你猜猜看，如果兩種機器你只能選一個，哪一個應該要優先購買呢？A.空氣清淨機，B.除濕機。你選好了嗎？我要公布答案囉——答案是除濕機喔！你知道為什麼嗎？因為啊，空氣潮濕，會讓環境滋生各種過敏原……（略）」

化解溝通「衝突」的第四堂課

重點複習：

❶ 重規則的人，需要別人拿出證據，所以「要合理」，建議使用PREP法，先說重點，再說理由，接著用許多舉例和論據提高合理性。

❷ 重創意的人，喜歡輕鬆愉快的談話過程，所以要「有畫面」，別忘了互動如朋友、描述如親臨。

總結

懂得溝通，更有溫度

在與人溝通時重要的是「誠懇以待」。如果在對話過程中，你專注於花費心思去思考這個人說話的分類，這有可能會讓你在對話過程中沒有餘裕，而沒有餘裕就意味著欠缺應變能力，這可能會讓你感到挫折。

可是，如果不應用在生活中，我們要怎麼讓自己的溝通能力進步呢？

我的建議是：你可以在每一次結束和別人對話時，試著用「四種溝通類型」的架構去回想剛剛對話的情境，還有對方說話時給你的感覺，進而去思考下一次如果再和這個類型的人溝通時，你可以保留哪些目前做得好的地方，並將改善的方式在腦海中預演過。

長期累積下來，你內心的溝通劇本就會越來越完善，判斷能力也會越來越強。你會發現，成功的溝通幾乎是靠直覺去反應的，願我們都能成為懂得溝通又有溫度的人。

接下來在第五章中，我想提供給你更多關於說話的技巧，透過這些聲音表達的練習，也能為你的說話的自信帶來一些幫助。

我認為，無論從內在的心態改變來著手，或是從外在的技巧層面著手，都同樣重要。就像是一個沒有自信、總是低著頭走路的人，開始練習抬頭挺胸走路之後，一旦習慣，就會漸漸覺得自己走路變得有自信，內心也就會湧出力量來。

PART

III

好聲音的思維

高效溝通與建立自信

Chapter 5

養成溝通好習慣，抓住人心的第五堂課

5-1 每個人的聲音天生都是好聽的

「小虎老師，你的聲音天生就這麼好聽嗎？」課堂上常有學員提問，要如何擁有配音員充滿魅力的嗓音。難道質感是天生的嗎？如果我說是，你會不會想打我？

但我其實想要告訴你的是：「每個人的聲音天生都是可以很好聽的。」

我認為人的聲音是「生活」出來的，而聲音則是乘載著一個人的生命歷程。聲音會受到你的個人特質、你所處的生活環境影響。比方說，如果你在生活中常常是不好意思開口去向他人提出請求，所有感受都忍耐著，那麼你的聲音就可能會比較細、比較小聲。相反地，如果你的個性不拘小節，有什麼想法馬上就說出來，你可能會比較習慣用較大的音量來發聲。

所以，如果你希望讓說話的音色能夠變得更美妙，這絕對是可以做到的。我想與你分享我的聲音成長歷程，證明聲音好聽是可以訓練的，幫助你增加信心。

聲音是長期的習慣

從我現在的說話方式，去回顧我小時候的聲音，兩者落差非常大。我小時候比較內向害羞，也常會因為不懂人情世故講錯話（據我太太的說法，我專業以外的社交能力，現在可能也仍是很不足），我認為小時候的我，應該離「擁有好聲音的人」一天差地遠。

我記得我小時候，因為很容易分心，所以功課一直沒有學好，所以我父母在我小時候不讓我看電視。我只有在大人有節目想要看的時候，可以在旁邊一起看。

上了高中，我父母放寬了看電視的限制；又因為住校的關係，在宿舍家人也管不著我怎麼看電視，所以平日晚餐過後，我常常窩在宿舍的中庭看那台畫面已經嚴重泛黃的電視。當時電視演什麼，我就學什麼，我練了很多大家耳熟能詳的廣告歌，還背了一些廣告台詞。

當時跟同學之間的相處，也少不了周星馳的電影台詞，講沒幾句話，就要丟一句《唐伯虎點秋香》或是《九品芝麻官》的台詞，來表達我們是同溫層。接台詞就是我們之間的禮節，能往後接得越多句，你就會得到越多的尊敬。

這些原因，讓我在當時開啟了一股動力。我在短時間內大量練習，又因為自己看電視的資歷比別人淺一點，所以更加不服輸，不只要把台詞記下來，更要連整個說話態度都還原。

因為這些看似無聊的緣由，不知不覺培養了我對聲音控制的能力。

有一天，在宿舍跟一位正在練吉他的室友一起唱〈戀愛症候群〉，當我唸完了開頭的口白，有幾位室友跟我說：「欸，羅鈞鴻，你的聲音很適合當DJ耶！」「你的聲音怎麼那麼有磁性，超噁的啦！（這是當時男生之間讚美的方式）」「用米老鼠的配音方式再來一次啦！」

當時聽到這些讚美，讓我的心中升起一股小小的成就感，於是模仿廣告配音說話，就變成平常的興趣了。直到現在，我每次開車的時候只要看到招牌，我都會試著配音，或是在腦海裡演，我太太看到我這麼做，都會覺得很好笑。

我個人的聲音，是這樣練出來的。當然，也因為後來我對配音工作產生興趣，更加認真練習說話口條，也就加強了我對聲音更全面的掌握度。

以上是我個人的聲音成長歷程，我想應該足以讓你相信，聲音是經年累月養成的習慣了吧？

什麼是好聽的聲音？

在我當了聲音表達課程的講師之後，我開始認真研究：到底聲音要怎麼才能變好聽？我有一個驚人的發現（這麼說也許太誇張了，但至少我有被自己嚇一跳），要讓聲音變好聽，原來可以很簡單，只要練兩個「咒語」，就可以很有效率地達成這個目的。

在談這兩個咒語之前，我們先來定義什麼樣的音色才算是「好聽」的呢？人類普遍認為的好音色，從歌唱的角度去觀察的話，大概是：高音要有穿透力又圓潤，中音要清晰立體，低音要厚實有彈性。

我們一般說話，用的是中音的範圍，所以對於高音和低音的感覺比較容易忽視（因為正常人不會高八度或低八度說話，很怪！）很少特別去做修飾。所以，過去我們在學說話的時候，都是以「清晰」為目標，咬字發音要正確、清楚，只要做到這樣，就足以傳達訊息。

但是，忽略了高音和低音，可能會讓聲音產生什麼樣的感覺呢？我們又該如何去修飾高音和低音呢？

如果高音太銳利

一個人說話如果沒有高音，只是少了一點向外連結的穿透力，聽起來會比較內斂、低調；但是如果說話時有高音，卻沒有進行修飾，可能就會讓人產生「尖銳」的感覺。

我過去曾受邀到一些百貨賣場進行廣播的職能培訓，有一次，有個學員在上課前跟我說，「小虎老師，我跟你說，我真的很喜歡播音，也很努力練習；可是，我的聲音好像怎麼做都無法讓我的經理滿意……」

聽到這，我很疑惑：「你剛才跟我說話時，聲音聽起來的感覺很好啊，到底怎麼了呢？」另外，我又想，如果一個人很努力，但是沒辦法得到想要的結果，是多麼令人難過啊！所以我在上課時就邀請他開麥克風試播一下，想聽聽他播音的感覺。

結果這位學員打開麥克風的瞬間，眼神、姿態似乎都換了個人一樣，開口說話的感覺，確實有些東西「過頭」了。

「親愛的嘉賓，您好，歡迎光臨小虎百貨，祝您購物愉快～」

正在看文字的你，可能沒有感覺，所以我要邀請你想像一下，一個人咬字發音太用力的時候，可能會有什麼感覺呢？

小時候，如果你的父母或長輩用比較平和的態度叫你的名字：「羅小虎，請你過來一下！」你的想法應該是「噢，他有事找我？」但如果他們叫你的名字時，每個字都咬得很清楚，高音太過銳利，你可能會有一種「他是不是生氣了？我要被罵了嗎？」的警覺。

當時我聽到那段播音，心中產生的感覺，也是比較傾向負面的。從聲音中不僅沒有感受到被歡迎，甚至還會讓人產生「勢利」和「尖酸刻薄」的印象。

現在，用上述「銳利的高音」再想像一次這段文字的聲音：「親愛的嘉賓，您好，歡迎光臨小虎百貨，祝您購物愉快～」你認為說話者可能傳達了什麼樣的言下之意呢？

「這位親愛的嘉賓，我盯著你了，如果你有要買，就趕快買；沒有要買，請別浪費我們的時間，好嗎？I am watching you！」很抱歉，我這段內心戲的幻想，是有點過份了，但銳利的高音，難免會讓人有一些類似的想像喔。

順帶一提，有些人說話的時候，會怕自己說話產生太多高音，讓人聽起來尖銳刺耳，於是也就不敢將情緒放開來發聲，說話的態度總是稍有保留，也就會因此產生距離感。

高音的咒語

那麼，我們要如何修飾高音，讓聲音圓潤不銳利呢？

這裡有一個咒語，你可以試試看：「ㄣ～～～」（Nnn~~~）將聲音拉長，並且讓音階像波浪一樣，從低到高，再從高到低，柔順地起伏。

（小提醒：發出聲音之前，請先確認附近沒人，以免遭人白眼。）

在發出這個聲音的時候，你可能會感覺到，舌頭中間靠近舌根的地方，會有一些輕微的運動。不過你的口咽腔內的運動可不只這些，除了舌頭的肌肉之外，這個聲音也會牽動你喉嚨聲帶周邊的的其他肌肉，讓你在構成高音的時候可以更加圓滑。

當然，喉嚨裡的肌肉並不容易控制，也很難感覺，所以你只要想著發出這個「ㄣ～」的聲音就可以了。

如果你在說話的時候，高音的部分有一點點這種「ㄣ～」的感覺，就能讓高音的銳利感消失，聽起來就柔和多了。

接下來，請你帶著這個「ㄣ～」的感覺去回想，曾經聽過的，專業又好聽的賣場廣播，是不是也帶著這個圓潤的質感呢？高音不尖銳，反而很柔和，這樣的聲音聽起來會讓人覺得重視他人的感受，對吧？

「親愛的嘉賓，您好，歡迎光臨小虎百貨，祝您購物愉快～」

高音背後的秘密

為什麼人類普遍比較喜歡圓潤的高音呢？這跟人類的社會性有關，只要是人，都會渴望被接受、被認同，所以我們喜歡他人對自己展現「開放性」的姿態。在這個「ㄣ～」的背後，其實展現的不只是音色，而是一種與他人相處的姿態。

因此，在協助學員播音時，除了陪伴他們抓到「ㄣ～」的感覺之外，我會邀請他們想像自己正與顧客面對面，身體前傾、肢體開放，表現出好奇與接納，聲音的開放性也會有極大的改善。

內外合一的聲音，才會讓人有信任感。試想，如果一個人說話時練出了很美妙的音色，但是實際上在看待他人的時候總是極度挑剔、刻薄，他的聲音跟與人相處的感覺搭配不起來，也是會讓人敬而遠之的。

高音圓潤的背後，我們真正要學習的是，讓心態變得開放，像是：對他人好奇、看見價值與優點、發現正面意圖、重視他人的感受。

學聲音、學說話，其實都是在學做人，這也是我這些年來最大的感觸呢。

低音不需要用壓的

回到讓聲音好聽的另一個方向，低音的修飾要怎麼做呢？

從以前到現在，幾乎所有研究說話的人都會告訴你，一個領導者的聲音必須低沉渾厚，會更有權威感。因此，很多人為了在職場上能展現管理職的氣場，會刻意壓著嗓子來說話，反而讓人覺得少了做人的彈性。尤其是女性，因為從生理條件來說，女生音域往往比男生高一些，所以女性領導者壓著嗓子說話又更加常見。

依我個人的經驗，我發現展現權威感的重點不在於「低沉」，而是「渾厚」。如果一個人在說話時心虛，聲音自然會變得單薄，別人都察覺得到。相反地，當一個人認為自己是正確的，即使跟他人意見不同、甚至違背傳統，只要他抬頭挺胸，問心無愧，聲音就會厚實，而且能展現出領導者人格魅力。

低音的咒語

讓聲音好聽的第二個咒語，是為了讓低音變得更渾厚，是這樣發出來的：「ㄚ～ㄤ」（A～ang）如果整個教室所有的學員一起發出這個聲音，是不是很有宗教儀式感呢？

中文的注音符號裡，ㄤ或ㄥ都是後鼻的韻母；如果是拼音的話，是ng。在發出這些聲音的時候，你的舌頭會有明顯的後移，ㄚ～ㄤ或者ㄚ～ㄥ，這兩種尾韻都會讓舌頭有後退的動作。這會讓低音的構成有更好的空間，低音厚實，聽起來也會很有「價值感」。

以前在練習廣告配音的時候，這樣的聲音就是標準的廣告質感，幾乎所有很貴的東西都會這樣配音：「堅持長時間的製酒工藝，專注細節，只為獻上一口完美平衡」「全球華人，第一名宅」……看到這些文字的時候，是否讓你腦海中浮現曾聽過的廣告配音呢？大量的刺激，導致我們對某些感覺產生先入為主的印象，這也是主流廣告的影響力來源之一。

低音背後的秘密

話說回來，為什麼這樣的聲音貴呢？我們剛剛說到，高音圓潤代表的是「重視他人價值」，那麼低音渾厚，代表的則是「肯定自我價值」了。

剛才前面說到，心虛會讓聲音單薄，而心裡踏實，則會讓聲音厚實。

聲音的虛實，跟你平常做決定的心態也很有關係。如果我們總是在妥協，明明心裡不情願，卻總是擔心有衝突而不敢開口溝通，那麼長久下來，我們距離擁有厚實的聲音就會很遙遠了。

不過，如果你多為自己培養溝通表達的能力，在需要開口爭取的時候發聲，或是在做決定的時候，總是選那個讓你多年後回頭看會驕傲的選項，你自然也能培養出撐得起渾厚低音的氣場。

你的爭取不是為了掠奪，而是為了創造更多價值；你的妥協不是為了逃避恐懼，而是為了守護價值的退讓。只要你做任何決定時，都知道自己在做什麼，你的眼神就會閃閃發光。

以上是讓聲音好聽的兩個咒語，很有趣吧？

人聲的平衡

雖然聲音好聽練起來很簡單，但背後的人生態度卻需要長期培養，才撐得起來。如果音色「好聽」，卻沒有讓人感到「動聽」，那這樣的音色，可能也無法為你加分。

我還記得，我在大學時期剛開始接觸配音，練出了一點廣告質感的聲音之後，以為這樣會受女孩子歡迎，就用過於刻意的廣告腔邀約別人：「嗨～又見面了！要不要一起喝咖啡呀？」（挑眉）

因為聲音不真實，沒有人際交流的溫度，人家壓根不會覺得我聲音好聽，只覺得我很像變態。

先前提到，對他人好奇、對自己肯定，這兩種特性同時存在，就是聲音好聽真正的關鍵。往哪一邊傾倒太多，都有可能導致失衡。

如果對他人開放，但自我價值低落，這樣的聲音就會讓人覺得總是在討好他人。如果自我價值高，卻對他人沒有興趣、不在乎他人感受，常常失言得罪別人，也不會得到真正的尊敬。

在自己與他人之間找到平衡，不只是人生功課，也是人「聲」功課。

【影片】
讓聲音變好聽，原來只要兩個咒語？小虎老師的獨家秘方大公開！

5-2 讓聲音不再燒聲的4大保養對策

如果你的工作需要大量使用你的聲音，在聲音壞掉的那段日子裡，相信你一定很難熬吧。

我年輕的時候，因為對於自己的能力不足感到非常焦慮，所以時常熬夜，趁半夜的時候看書或是準備課程；但也因為睡眠不足的關係，免疫系統受到影響而常常生病，動不動就感冒咳嗽。現在想起來，真覺得當時的自己健康觀念嚴重不足。

最讓我困擾的是，有時候感冒會導致呼吸道受到感染，伴隨著咳嗽、喉嚨痛的症狀；甚至一嚴重起來，喉嚨發炎紅腫，有可能還會「燒聲」。

要治療燒聲並不算什麼大事，最大的問題是，在燒聲的時候還必須要上台演講，這才是最痛苦的地方。學員必須忍受我極度沙啞的聲音，課程中許多要用自己的聲音示範的內容也都無法忠實呈現，重點是，喉嚨痛還要說話真的太不舒服了……

經過一兩次慘痛的經驗之後，我學到的是：保持聲音健康是一種敬業的行為。想想，一個專業講師連自己的健康都照顧不好，怎麼讓別人對自己的專業信服呢？所以我才開始有了保養聲音的意識。

後來我發現，有好多講師朋友也常遇到失聲的問題，常常有人問我該怎麼保養喉嚨，保持聲音的健康，希望能讓聲音更持久耐用。

聲音怎麼壞掉的？

聲音為什麼會罷工呢？有四種常見原因：

1. **使用過度：**喉嚨不舒服時，硬撐著繼續講話，造成肌肉疼痛發炎。
2. **氣音過多：**若說話習慣出氣太多，會讓喉嚨又乾又啞，肌肉緊繃。
3. **外部刺激：**如烈酒、重辣、濃煙等。
4. **病毒感染：**生病時，喉嚨發炎紅腫，肌肉不能正常運作，就沒聲音了。

首先我們來說說使用過度的問題吧。我們發不出聲音，是因為聲帶附近的肌肉紅腫，導致聲帶沒辦法好好振動，才會變成像虎姑婆一樣恐怖又沙啞的聲音。

而導致肌肉紅腫的原因，其中一部分是來自於使用過度，超出了肌肉的耐受度。這就像跑步時，你如果強忍腿部肌肉的疼痛，硬是全力衝刺到沒力為

止，隔天起床，就會覺得自己的腿好像已經不是自己的腿。如果說話時總是太用力，走下講台之後，你的聲音也變得不是你的聲音了。

怎麼樣說話會超出肌肉的耐受度呢？我認為最傷喉嚨的說話方式，就是溫柔的氣息聲。如果說話時氣息過多，聲帶附近的肌群就會為了穩定聲帶的振動頻率而變得緊繃，導致肌肉處於疲勞的狀態。像是半夜講悄悄話，大概講個五分鐘你就會覺得喉嚨很乾很緊，忍不住咳嗽。

而且最可怕的是，這樣說話時並不會感覺自己很用力。所以在聲音實在受不了之前，說話者常常會以為「應該還可以再多說一點」，忽略了肌肉的休息，而不小心使聲音過度操勞了。這樣的說話習慣，可說是我心中最傷聲音的第一名。

對策一：不急要停

如果要改善使用過度和氣音過多的狀況，我認為最簡單有效的方法，就是在說話時增加多一點停頓，讓肌肉能在說話過程中有餘裕可以獲得恢復。

然而，停頓就難在要察覺自己的焦慮。大多數語速過快或沒有停頓的說話方式，都出自於表達焦慮：怕自己一停，別人就尷尬；或是自己無法忍受聽覺上忽然安靜。

對抗表達焦慮的重點，在於多去意識「與聽眾的連結」，不要再只關注自己說什麼，要分更多注意力去關注聽眾聽到了什麼、作何反應。

這裡的口訣是：**「不急要停」**。

「不急」的意思是，想清楚再開口表達，讓語速自在舒服；並且關注聽眾是否聽清楚了、反應是否跟上了——這是一種對聽眾的體貼。

「要停」的意思是，記得要停頓。不要一口氣把話說完，要有斷句，練習分段表達，讓話中多點停頓，聲音就多點恢復。

演講過程中，也請記得要保持喉嚨濕潤。如果講話講久了會乾咳，代表喉嚨準備開始出狀況囉！長時間說話要多喝水，也趁喝水的暫停時間整理自己的思緒，這樣的表達態度會更從容不迫。停頓變多，聽眾的理解速度也就會變得更快。

對策二：凡事適量

聲音會罷工，也有很大的原因是外部刺激，像是喝烈酒、吸入濃煙、吃太辣等原因。放縱自己吃香喝辣可以帶來愉悅，但千萬要小心別樂極生悲了。

我的保養原則是：**「凡事適量，用前忌口。」**

透過外部的刺激來獲得快樂是必要的，但凡事過頭了都可能造成不必要的傷害，所以要給自己設定上限。像是喝酒時，感覺喉嚨開始乾，就不要再續杯；吃辣剛剛好美味即可，不要去過度挑戰極限。學會自律，才能長久享受！

另外，在知道自己即將長時間或高強度使用聲音之前，一定要忌口。我有很多喜歡甜食的朋友，嗜甜如命就算了，在講課開始前，還會把吃甜食當作一種儀式感。這種習慣最致命的地方，就在於糖分的攝取程度很難拿捏。一個不小心太甜，就讓喉嚨生痰，這會讓說話的過程變得很不舒服，因為肌肉的運作會受到痰的影響，讓你不小心就會用力過度。

如果你喜歡吃甜食，或是重口味的食物，務必要在說話之前先忌口，等任務結束了再吃也不遲。

對策三：提高免疫

每次被問到怎麼保養喉嚨時，我都會先關心對方的生活習慣；畢竟這是我曾經有過的痛，所以令我特別在意。結果，大概每三個人之中，就會有一個人有睡眠不足的問題。我想，在這個充滿焦慮的時代，睡眠問題大概已經成為一種文明病了吧。

我們的身體之所以變弱，是因為我們不關注它，因此讓它缺乏妥善的照顧。我想建議你：先盡量減少與焦慮來源接觸吧。如果你在社群媒體上看見某人好像過得很好，就忍不住想要犧牲健康來獲取成長，你就應該減少關注外在世界的時間，多關注你自己。你會發現：你比自己想像中更疲勞、更需要被妥善照顧。當你感覺到被自己好好愛著，才會有足夠能量去面對外在的世界，而不會輕易被影響，產生焦慮。

總之，熬夜是健康的大敵。只要我們休息不夠，就會導致身體發炎，也會讓免疫系統出問題，進而影響你的聲音。

另外，維持體溫也是一個很重要的健康觀念，因為體溫低也會影響免疫系統的運作。

如果感覺自己好像有感冒前兆，可以利用泡熱水澡、熱飲來提高體溫，體內的白血球就會努力打仗，幫助你維持健康。

對策四：緩解發炎

你知道嗎？從小到大常聽到人家說，喉嚨不舒服要趕快喝熱水，其實是錯誤的觀念。

喉嚨痛是屬於「發炎症狀」的一種，而發炎的部位在遇到高溫的時候，會紅腫得更加嚴重。所以若需要補充水分，喝常溫水就好；如果情況嚴重，醫生有時甚至還會建議你用冰水漱口呢。

至於滋潤喉嚨，我覺得喝水就夠了；如果一定要使用喉片的話，必須慎選。便利商店大都有甜味，對大部分人來說容易生痰，所以我並不推薦。（除非你體質超級好，喉嚨都不會有痰。）喉片部分，建議使用草本的精油片，或是到藥局買中藥材的成藥來使用。

聲音是否能保持健康，有幾個關鍵的因素，包含發聲的方式、恢復的品質，以及生活的習慣。

我認為，平常說話時，能注意到自己的整體協調狀況；發力與休息之間，也有適當的切換，並且時常滋潤喉嚨、減少勞損，就可以讓聲音用得久。刺激的東西，不要過於猛烈，凡事適度的享受，基本上就能讓你的聲音一直維持健康狀態。

5-3 抓住聽眾注意力的2個秘訣

「說話時，抓住聽眾注意力的東西，到底是什麼呢？」從開始教學以來，我就一直在觀察，真正能夠抓住人心的聲音，應該具備什麼特質。

你有沒有注意到，有一些人說話的聲音很好聽，會讓你很想繼續聽下去；但有一些人明明聲音也很悅耳，你卻一直很想逃走。有一些人的聲音沙啞，並不好聽，理應會很不耐聽，卻能一直吸引你，讓你不知不覺就認真聆聽。是什麼造成這樣的差異呢？

「讓人聽不下去的說話方式」

1. 講了很久卻沒講到重點——令人失去耐心
2. 語氣太沉悶——沒感覺就聽不下去
3. 缺乏肯定的語氣——無法說服別人繼續聆聽

4. 內容太深奧難懂或專有名詞太多——造成理解上的困難和疲勞
5. 過快的語速——精神轟炸，疲勞感太高
6. 態度輕浮或高傲——感覺不到講者在聽眾身上的用心，讓人不想聽

「讓人想一直聽下去的說話方式」

1. 講者說話幽默風趣
2. 精準的比喻讓人很有感
3. 內容分段令人很好理解
4. 講者的個人魅力很強
5. 令人舒服的語速和語調
6. 態度真誠

就在我蒐集這些說話加分與扣分要素的過程中，我發現可以歸納出兩個大方向，就是**「連結強度」**與**「消耗多寡」**。

連結與消耗的影響

第一個方向，是聽眾與講者之間的「連結」，決定了聽眾主動參與的程度。正向的連結，通常來自聽眾本身對主題的興趣；不過在聆聽過程中對講者產生的喜歡、尊敬、好奇，甚至敬畏崇拜的心情，也會讓聽眾以更主動的態度聆聽，想要多去了解講者想說些什麼。主動的態度，不僅專注力強，也會讓聆聽者有更多的創造力，一邊聽、一邊去思考這些內容與自己的關聯，留在記憶裡的時間就比較長。

簡單來說，講者本身表達的態度，是會對連結的強度造成影響的。如果聽眾本來對

主題很感興趣，但講者說話的態度很差，可能會讓聽眾開始產生不好的感受，變得不想聽他說話，聆聽的態度轉為被動，並因此失去連結。

第二個方向，是聆聽過程中感受到「消耗」的多寡。當我們在聽別人說話時，多多少少會消耗腦力、精神去理解。如果消耗的程度太高，會讓我們的大腦無法負擔，於是將大部分的內容右耳進左耳出，這樣傳達的效率就會很差了。

我們在生活中，應該也有很多充滿「消耗」的聆聽體驗，像是一場會議中，報告者一口氣想要講太多內容時，會造成聽者大腦的負擔，對資訊消化不良。這時你會看到與會者的眼神開始渙散，或是分心做些其他的事情，這就是消耗太大帶來的影響。

「提高連結、降低消耗」，就是我們在說話時要注意的兩大目標，也就是讓聽眾感到有興趣，主動聆聽，並且能夠在聽眾聆聽的過程中，盡可能減少疲乏。

說話能夠考慮的層面是很多元的，例如聲音的表達意圖、說話的架構、用詞，或是其他視覺輔助等等。如果能夠在更多表達的層面上，都做到「提高連結、降低消耗」，就能讓不同層面的正向效果互相加乘，讓表達更有效率。

加強連結的方法

關於提高連結，你可以這麼做：

1. 第一印象

打理好自己的外在形象，讓人覺得有備而來。這會給人一種受到重視的感覺，所以別忽略外在形象的影響力，因為這能讓人感受到你的用心。當別人覺得你把他們放在心上，他們才會把你放在心上。

你也可以配合聽眾的喜好和期待去做打扮，例如依照對方單位的代表色，來挑選領帶髮飾等配件的顏色；或是預判參與者可能的打扮風格，偏向正式還是休閒，用穿著拉近彼此的距離。

2. 聽眾為王

以聽眾的期待為優先，早點切入正題，千萬要避免太冗長的自我介紹和前言。如果你的學經歷跟觀眾想要聽的主題無關，就不用花太多時間去介紹那些部分，談談必要的就可以了。

再來就是在開始你的主題之前，先跟聽眾聊一聊為什麼會有這場對話。這會讓聽眾有心理準備，尤其是對比較沒有耐心的聆聽者，讓他們一開始就先知道你的溝通目的，會讓他們比較有耐心聽你說完。

3. 眼神手勢

眼神的交流可以強化說話者的自信，也會讓聽眾覺得被照顧到。另外，眼神的方向也是聲音的方向，別忘我們的聲音是一種邀請，如果聲音缺少了表達意圖，就不容易抓住聽眾注意力。因此說話時，請多利用手勢，讓聲音進到聽眾的心裡去吧！

4. 引發共鳴

和觀眾之間擁有一些共同的情感，可以快速拉近你們之間的關係。有時候你可以講一個故事，讓聽眾跟你一起進入相似的情緒；或者適當地揭露一點你自己的故事，讓聽眾覺得你跟他一樣擁有血肉之軀，也會有脆弱或需要幫助的時候。

降低消耗的方法

關於降低消耗，你可以這麼做：

1. 確實傳達

如果你說話口齒清晰，可以讓聽眾在接收時更輕鬆；但如果你說話不標準，其實也沒關係，只要說話慢一點點，也能讓聽眾很輕鬆的聆聽。關鍵在於：你確定你的話語有確實傳達到聽眾那裡。

常常去確認聽眾是否聽到而且跟上，是一種好習慣。如果你是語速過快的人，發現自己講太快聽眾沒跟上，就不妨在知道大家沒跟上的時候，用慢一點的速度重複一次剛才的重點，這樣就能幫助聽眾補上自己聽漏的部分，也算是傳達到了。

2. 降低門檻

多用聽眾已知的事物來解釋他們未知的部分，也就是利用貼切的比喻幫助聽眾理解和記得。聽眾理解時所費的時間越少，他們就有越多腦力將資訊消化。

說話時，如果句子很長，資訊量太大，可能在過程中造成聽眾的負擔。你可以採取每兩到三個字就斷句的方式來說話，因為資訊被拆分成許多較小的單位，會讓聽眾理解速度加快，就有餘裕進行深度的消化。

「如果優秀的人才之間缺乏互相交流與學習的機會，將會對企業的成長造成阻礙。」（一氣呵成）

「如果——優秀的／人才／之間——缺乏——互相／交流——與學習／的機會——將會對／企業／的成長——造成／阻礙。」（頻繁斷句）

3. 分段表達

如果你要傳達的內容，是具有知識含量，或是比較複雜，建議你可以切分成多個小單元，並且在單元之間留白，給聽眾一點時間沉澱。

說話時，依照內容的段落來安排停頓，這樣不僅可以讓說話的架構更清楚好懂，也能透過停頓，讓聽眾有時間可以沉澱所聽到的內容。只要聽眾把內容消化得好，記憶能保留的時間就長。

4. 豐富體驗

如果人一直維持同樣的姿勢做一件事，是很容易感到疲倦的。聆聽時也是一樣，人類的感官是很多元的，我們若長時間只用單一的接收訊息，很快就會覺得累了。

我在進修AL加速式學習的教學法時，認識到人的學習感官分為「視覺」「聽覺」「思覺」和「動覺」四種類型。

- **視覺：在觀察與製圖中學習**
- **聽覺：在聆聽與口說中學習**
- **思覺：在解決問題與思考中學習**
- **動覺：在實做與動態中學習**

所以除了聽覺的口說與視覺的投影片，你偶爾也可以讓聽眾靜下來思考一些問題，或是讓他們動手實作，滿足思覺與動覺的需求。

視覺
聽覺
思覺
動覺

我在講課時，通常會邀請聽眾跟我互動，進行簡單的問答，像是我說「我相信大家都聽過一句話，早起的鳥兒～」聽眾就會回我「有蟲吃！」互動性高，就能提高連結。另外，讓聽眾彼此之間產生互動，也會讓體驗更深刻，像是分享彼此的心得，或是針對問題進行討論，一同找出解決方案。這些多元的刺激，能讓聽眾的大腦靈活不僵化，消耗自然就會減少。

以上只是我個人整理出來的心得，我相信你也會有一些對於增加連結與降低消耗的做法。總之，只要掌握這兩個大方向，抓住聽眾的注意力，就能讓你的表達事半功倍！

5-4 減少冗詞贅句的3個日常練習

有一次，我和太太到餐廳用餐，當天為我們服務的店員拿了菜單給我們：「您好，這是我們菜單的部分，提供給兩位參考，然後待會看完之後，請麻煩幫我按下服務鈴，我會來幫您做點餐的動作喔！」看完這段話，你有沒有覺得似曾相似呢？

除了在餐廳點餐會聽到「的部分、的動作」這些冗詞贅字，我的學生最常跟我分享的，就是當他要主持公司內部會議時，常常緊張到詞窮，句子和句子之間也不知道該如何接續，所以就會一直用「然後」「雖然」「但是」諸如此類的冗詞贅句來虐待聽眾。（虐待這個詞是他自己說的。）

有的時候，其實只需要簡短的一句話，就可以表達我們想告訴別人的事情；但我們往往可能會因為緊張、詞窮，或者擔心冷場，幫句子加上許多點綴，例如：「然後」「但是」「的部分」「的動作」，這些詞語就是我們俗稱的「冗詞贅字」。

這些冗詞贅句說聽久了會讓人心煩，說的人也會越講越緊張，那麼它們到底是怎麼來的呢？

那是因為我們在說話時常擔心冷場，害怕跟別人說話時會有無聲的空白，深怕話講到一半氣氛變得很尷尬，所以說話的語速會比平常更快，一時之間也會忘了停頓留白。當說話的節奏快到停不下來，又沒有充裕時間整理頭腦的想法時，就會使用大量的連接詞來填補空白。一旦說話架構被打亂，這些冗詞贅字也就會越用越多，如此一來便會陷入惡性循環。

出現冗詞贅句的原因

我認為主要原因是**緊張帶來的心理壓力**。

有時候，你對你要說的內容算是熟悉，平常練習時也都說得很好；但是當你意識到，你即將要面對的談話對象可能是個有影響力，或者對你來說具有重大意義的人時，你可能就會備感壓力，講話也開始變得吃力。

例如：這個談話對象就是你的老闆或主管。因為他的觀感好壞會影響到你的未來的前途，所以你很在意和他的對談，也因此變得過度緊張而表現失常。當然，也有另外一種狀況：聽你說話的人可能是你不熟悉的人。像是要登上舞台進行公眾演說時，你想著要帶給大家好印象，有了這個期待後，也為自己增加不少心理壓力。

當你的心裡有了壓力，你的腦袋就會變得不好使，因為你下意識地分心，去在意自己的所有言行。當你開始分心，對於情境不夠投入，你就抓不太到表達的節奏，這時等著你的就會是滿滿的不安全感。

心裡小劇場開始上演：「哇，我這邊停下來會不會讓對方很尷尬呀？人家會不會覺得我無聊了呢？」其實不會，是壓力讓我們想太多！我們為了讓說話聽起來流暢，直覺反應通常就是努力填補空白，就變成我們剛剛提到的那樣，說話出現一堆贅詞了。

有些學員在遇到這種狀況時，會問我：「老師，可是我的嘴巴一直都跑得比腦袋還快啊，他們的同步率太低，該怎麼辦才好？」我想，這可能就是從壓力延伸出來的狀況。

不過壓力可不是什麼壞東西，適當的壓力會讓我們成長，另外一個造成冗詞贅句的原因，反而可能是因為「平時太沒有壓力」。

因為沒有壓力，而缺乏練習，導致需要的時候，才發現自己沒有能力，所以開口就會慌慌張張，不自覺地在說話當中加入很多冗詞贅句，來掩蓋自己當下的不安。

減少冗詞贅句的關鍵

要改善時常不經意說出冗詞贅句的狀況，我認為最關鍵也最容易忽略的細節是：

「說話要多停頓，慢慢來！」

如果你是屬於受到壓力影響的狀況，我會建議你去習慣在說話時停頓。有同學問過我：「老師，不過要怎麼習慣說話停頓呢？平常說話的時候如果都沒有停頓的話，根本沒機會去習慣啊！」其實，你可以先去習慣聽別人說話的停頓，聽一些很棒的演說家的演講，裡面停頓通常會比較多，這些資源很容易在網路上找到。

當你在聽他們說話時，你可以想像你是他們，在心裡模仿他們的態度，接著在心裡跟著他們說話。透過這樣的預演練習，能讓你快速習慣說話時要有點停頓，也就能減少在說話時對停頓的尷尬感。

我也很常被學生這樣問：「可是，老師，我就很緊張，講話很快啊！而且，越是告訴自己要慢，卻反而慢不下來耶！」

也許在被別人注視的時候，會讓你感到緊張，很怕他們的眼神會對你產生批判，覺得你不夠好；可是，你真的有從他們的眼神中讀到這些嗎？這世界上，確實有些人總是喜歡帶著批判的眼光在看別人，而我們如果被別人挑毛病、亂打分數，確實也很容易感到受傷。

可是，你在說話的當下，真的有好好看見他們眼神裡的訊息嗎？很多時候，我們的負面感受，常常是自己胡思亂想，對自己的表現沒自信而擔心過頭。

請你好好跟你的聽眾「確認過眼神」。你可能會發現，他們對你透露的是好奇，期待你要帶給他們什麼，而不是批評跟打分數。和聽眾確認眼神這件事，無論你是對一個人說話，還是對著一群人說話，都是必要的。

如果你是因為在台上對著人群說話而感到緊張，我會建議你先找到一些水汪汪的眼睛，就是聆聽態度比較主動的人，因為他們的態度會讓你比較沒有壓力。

說話的時候多去看他們，每一兩句話就停頓一下，去看他們的反應；確認他們接收到了，再看著下一個目標講下一句話。這樣你自然可以增加說話的停頓，而且停頓得很自然。然後再從這些眼睛開始，隨著自己漸漸進入佳境，慢慢去擴張你視線涵蓋的範圍。最後，你就會越來越習慣看著人群說話。

說話有停頓，能讓你有更多餘裕去準備自己要講的話，也能讓聽你說話的人，有足夠時間去消化吸收。為了體貼聽你說話的人，好好培養說話時停頓的習慣吧。

再來，**說話的基本功是否紮實**，也很重要的影響因素。基本功夠硬，你也會因為你的能力而擁有自信，就不會太輕易受到他人的影響。

三個精進說話基本功的日常練習

1. 閱讀與寫作

你怎麼說話，跟你身處的環境有很大的關係。你都交些什麼樣的朋友，而你的朋友都怎麼說話，這些都會變成你的模式和習慣。如果要讓你的說話方式有更多變化，去交新的、不同領域的朋友確實是不錯的選擇，不過這個方式可能還稍嫌太慢。

「閱讀」是個很不錯的方式。透過書本，你可以看見更多不同的口吻，更多構成話語的方式。當你的閱讀量變大，或是閱讀的範圍類型更廣，自然就會擴充你的語言資料庫。

不過這還不夠，你如果只有往內輸入，沒有向外輸出，成長的效率就會變得緩慢。閱讀後有什麼心得感想呢？生活中有什麼樣的發現呢？或是什麼事情讓你產生什麼感受？把這些心理感受寫下來，就像大家平常做的，寫一篇貼文在臉書、Instagram 等，這些其實對說話都會帶來幫助。

而且，文字寫作可以訓練你的語言組織能力。當你習慣寫作，對於語言的架構越熟練，或是複雜度越來越高，相對你的說話的反應力就越快，冗詞自然就不會出現。

2. 嘗試主動開口分享

這比寫作更需要一些勇氣。因為說出來，即使你覺得自己說得不好，也不能用「回到上一步」來還原，只能自己打圓場。

雖然剛開始丟臉的機率有點高，但是這樣的實戰會讓你有相對更豐富的經驗值，而且只要表現不錯，得到了正面的回饋，你將能獲得無與倫比的成就感。

3. 練習用一句話來介紹一件事情、一本書或一個人

在開口說話之前，你有想過，如果你要說的那些內容，如果濃縮成一句話，會是什麼嗎？很多時候，說話會有冗詞贅句，是因為對自己要說什麼並不清楚，所以過程

中就容易焦慮。

我們大多數的人，因為平常很少去特別準備要說什麼，所以忽然被指定要說話的時候，即使腦袋裡面對於要說的內容有點概念，整個說話的結構卻很鬆散，或是一時之間無法將主張表達清楚。

因為表達能力不夠，腦海中能使用的詞彙、架構不足，所以說話時，就只好用一堆贅詞來填補了。

平常多練習用一句話精準表達複雜的含意，會有助於你提升在開口前整理自己想法的速度。這樣在開口說話的時候，也就比較不容易陷入混亂了。

【影片】

不要再「然後」了～打擊冗詞贅字！讓你說話更精準！

5-5 個性溫和的你，也能自信表達

曾經有一個溫和的學員問我：「老師，要怎麼讓聲音有魄力？」他說，無論在職場、人際關係，或是感情生活，個性太溫和的人往往無法第一時間抓住機會，而且不懂得拒絕別人，常被當「工具人」使喚。所以他想要讓自己說話更有魄力一點，希望能夠像那些比較有個性的人一樣，可以掌握更多機會，也抓住自己的幸福。

從這段傾訴中，我彷彿看見了以前的自己。

我二十三歲退伍後就開始當講師，每當我面對年紀比自己大的群眾，總認為自己不夠魄力，怕那些聽眾瞧不起台上的自己。每次到企業講課時，我都會西裝筆挺地出現，用刻意的聲音表情，試圖營造出一個看起來很有自信、有魄力的「社會菁英」形象。

當時的我，雖然在偽裝成功的狀況下得到了掌聲，但是他們掌聲給的是我創造出來的虛擬人物，不是真實的我。也因為長期活在自己營造出的巨人陰影下，讓我在工作上失去成就感，生活也變得越來越不快樂。

你可能會好奇，我是怎麼透過聲音營造出社會菁英的形象，但我想要和你分享的，並不是刻意的技巧，而是想和你聊聊我對於透過聲音表達自信的想法。

我們常常會聽到一些別人的既有觀念，說身為一個老師就應該要有什麼樣子，或是身為一個男人、女人就應該如何；然而，這些「應該」只是前人提供給你的參考方向，如果你把它當作標準答案，可能會限制我們的潛能。

我曾經在社群上發問，問粉絲心目中的「好聲音、好的表達」大概是怎麼樣的？大家的回覆有：「聽起來溫柔，有療癒的感覺」「口齒清晰、條理分明」當然，也少不了幾則可愛的回答：「我喜歡像霸道總裁的那種魄力。」你發現了嗎？大家對於好的聲音、好的表達都有不一樣的見解，沒有一定的標準答案。

所以我認為在說話時的個人魅力靠的不是偽裝，而是**「真誠的表達」**。好比今天你的愛人，他愛上的不是真實的你，而是你營造出來的外在條件，可能你卸妝之後他就會開始嫌棄你，那麼這樣的人，你真的會想和他共度一輩子嗎？會不會擔心外在美好的形象，有一天會被拆穿呢？

這些生活中的「應該」，可以用來比喻說話時的「虛張聲勢」和「刻意營造」。「擅長說話」好像一直是外界給予外向者的一種標籤；但其實即便是內向者、個性溫和的人，也可以透過「真誠表達」說出內心的想法，相信你們獨有的溫暖，也能引起聽眾的共鳴。

不過個性溫和的人，在團體發表意見時，往往容易被忽視。這是因為這類型的人說話習慣氣音比較多，蓋過了說話的力道，所以給人感覺比較溫吞，容易被忽略。但是只要練習減少出氣的量，並且透過身體動作增加說話的力道，稍微平衡氣音與力道的比重，這樣的說話方式就會給人剛柔並濟的感覺了。

和你分享幾個日常練習，可以在說話時透過「減少出氣」和「增加力道」來提升自信：

1. 減少「嗯……」之類的發語詞，節省出氣
2. 說話時稍微挺起胸膛，在胸口保留多一口氣不要吐掉
3. 以頻繁地換氣，來維持胸中的那一口氣
4. 在每一句話的開頭第一個字，用手勢或點頭增加一點力道
5. 每個斷句的結尾，也增加一點力道

試試看，在數數時加強斷句的力道：

「一二，三四五，六七八九十」
（重重，重輕重，重輕輕輕重）

「一二三，四五六，七八九十」
（重輕重，重輕重，重輕輕重）

當你的聲音變得輕重分明，會表達出較為積極主動的態度。要注意的是：如果氣音太少，力道太強，可能會矯枉過正，就失去你個性中的溫暖特質了喔！

最後想對內心溫柔的你說：個性溫和並不是你的缺點，希望這些簡單的聲音練習，可以幫助你在發揮溫和的特質的同時，也能讓別人真切地感受到你用心待人的溫度。

【影片】
我想要讓聲音變得更有魄力！5 個簡單練習讓你聲音有力道又不兇悍！

後記

說話要先感動自己，才能感動他人

常常有學員告訴我：「老師，我報名你的課程是因為我不喜歡我自己的聲音，想要改變它，讓自己講話看起來比較有自信，可以讓別人喜歡。」但所謂「讓人喜歡的聲音」，是沒有標準答案和評斷標準的。即使是沙啞的聲音，像是音樂人亂彈阿翔，也會有人特別地喜歡。

在我的公開課程裡，常出現各種不同職業的學員，包括網站工程師、整理師、夜店公關、財務顧問等等。當我詢問他們來報名聲音說話課的動機，他們告訴我：「老師，因為我想克服口吃，以免被嘲笑。」也有人告訴我：「我想好好學說話，讓老闆不要再罵我了。」

大家的共同點，大多是因為說話前會緊張發抖，所以會刻意用力清嗓，同時在腦海裡不斷鼓勵自己「不要緊張，我可以！」長期下來，因為太緊繃而導致喉嚨總是過度消耗；最後，要「開口說話」這件事情，就成了一種心理的壓力。

一定會有人喜歡最真實的你

在二〇二〇年上半年的課堂裡，有一位我印象深刻的學員榮慶，他是那個班級裡年紀稍長的學員，給我的第一印象是害羞的、靦腆有禮貌的中年大叔。話不多的他職業是海運業務，即使他覺得自己的口條不像其他同學那麼好，卻總是能如期交出每一週的課後作業，我打從心底很佩服他的勇氣和對學習的毅力。

在帶狀課的結業式，每個人都有要上台演練發表的機會，當時不擅長和陌生人說話的榮慶，才說出自己當初是鼓起萬分勇氣，才決定來報名這堂課程的。「我是在網路打上關鍵字搜尋到你們的。其實第一個出現的網站不是你們，但我看了一輪，又發現之前有學員拍的紀錄影片，覺得小班制人少少的課程很不錯，可以讓我覺得很安心；後來到了粉專詢問老師問題，收到老師的回答，覺得一定要來課堂上學習，才可以得到真正的改變，現在我覺得我當時真的選對了！」

榮慶好可愛，他還緊張地補充：「我不是說我付不起這個學費，才一直考慮一直問問題，是我過去被討厭的經驗，讓我不喜歡自己的聲音，覺得說話的我也不會被愛；但現在我從不會和家人說早安的人，變成每天會打招呼說早安，看到他們的笑和回答，會覺得整個家的氣氛都變好了，謝謝你們讓我重新喜歡自己，謝謝你們。」

我聽了這些話心裡非常感動，覺得眼前這個榮慶，好像跟五個禮拜前剛來到教室的他不一樣了。他說話時眼睛發著光，而且變得更有自信、更喜歡自己，讓我再次相信每個人的聲音天生都是好聽的，只要記得如何善用這些與生俱來的資源與能力，並且喜歡自己、相信自己，就可以好好向別人說出內心的話。

套一句當時也在班上一起上課的好朋友張忘形說的話：「如果溝通力的關鍵在於聽見他人的心聲，那麼**表達力的關鍵就是梳理自己的心聲**。」所以我也想藉此告訴你：「這個世界上並不存在著完美的聲音形象，所以我們不管怎麼努力，都還是有一些人不喜歡你，但也還是有一些人喜歡你。」

你早已擁有發出好聲音的資源

在進行聲音訓練的教學生涯裡，從學員們的故事裡，我發現大家剛開始來到課堂上，都會有各自在聲音表達上的阻礙，例如：聲音太小聲、說話太快、語調平平、說話會口吃等等。

不過他們最根本的問題，也許都不是因為缺乏厲害的技巧，或是與生俱來說話的天賦，而是在思考或心理上卡住了，所以無法順暢運用身體與生俱來的資源進行表達。而且，擅長忍耐感受的我們，也漸漸習慣了這樣的不順暢感，最後甚至信以為真，覺得自己就只有這麼多。

特別常被遺漏的，就是說話時的「情感」。我們常常會因為想要說服別人、讓對方聽進去我的話，而忘記表達是人類的天賦，我們的聲音本來就應該隨心所欲。在被社會化，和強調要學習理性思考的時代裡，我們也會不經意地去忽略感受。所以在說話時，我們總是想要用「腦」來控制情感的流動，卻忘記情感應該是隨「心」而動。

希望在開口說話之前，你可以先試著忘記過去傳統的教學給我們的技巧和標準，去探索在發出聲音前，你的內在是如何地熱鬧；並且透過這本書提供給你的思考方向，重新看待表達的本質，讓你每個當下的努力都有意義，使聲音重回自由。

我相信，當你擁有了好聲音的思維，你的聲音就會長成它應有的模樣，既能創造好的溝通品質，也能貼近你的心。在此邀請你敞開心胸，擁抱你與生俱來的自由與豐富吧！

致謝

這本書，是我在二〇一七年給自己的期許，但因忙碌而不斷擱置，加上過往的冒牌者症候群陸續騷擾，在內外夾攻的狀況下，拖延了很多年。

還好，我的太太同時也是我公司的共同創辦人慧玲，一直鼓勵我面對自己的心魔，並且協助我整理許多過去的文章，幫助我找回寫作的手感，這本書最大的功臣就是她，謝謝妳，My boss, my wife！

不過這本書之所以能夠順利出版，也要感謝許多一路上提供協助、支持的人，沒有你們，這本書不會順利問世，也無法交到讀者的手中。

所以，第二份感謝，要獻給培育我的澄意文創，謝謝我的師父周震宇老師、師母馬可欣老師，給我專業、教學上的啟蒙與舞台，並鼓勵我長出我自己的模樣。謝謝澄意小夥伴翊安與杜杜，給我的關心和支持，以及我的好哥兒們忘形，在我許願要出書到真正出書的這段時間，比我先出了兩本書，也給了我很多過來人實用的建議。

謝謝我們的實習生馥瑄，一直發揮超乎預期的工作品質，讓我更能夠專心寫作，妳的創造力也帶給我不少學習，能夠有妳當夥伴真的超棒的。

在寫作方面，謝謝獨角獸計畫的創辦人李惠貞、城邦集團的牛奶姐，以及楊斯棓醫師的建議，不僅讓我問問題問到飽，更消除我許多寫作的恐懼（這是人生第一次為寫書而開始動筆就會懂的）。

還要謝謝洪震宇老師當時跟慧玲說了：「小虎不用成為第二個周震宇，但必須成為唯一的羅鈞鴻，這方面只有妳能幫助到他！」於是這句話成為我們倆的力量，是這段旅程的重要轉折。

最後，再次感謝所有為我撰寫推薦序的前輩老師與朋友們：周震宇老師、謝文憲老師、葉丙成老師、李崇義老師、余懷瑾老師、何則文老師、楊斯棓醫師、陳威宇老師、張忘形老師、蔡尚樺主持人、游舒帆院長、Wawa 院長、吳姵瑩心理師，謝謝有你們的推薦，為我的書籍增添光彩。

特別感謝則文的引薦，讓我們認識了遠流三部的夥伴們，能順利簽約，並且能被很好地理解並協助著，是一件很幸福的事！

獻給我的太太慧玲，

還有兩個兒子允然、語皓，

如同你們的名字，

成為自己應允的樣子，

透過話語為人帶來光明。

有溫度的溝通課

透過聲音理解對方的思維慣性，使你的表達真誠有力量

作者　羅鈞鴻（小虎老師）
執行編輯　顏妤安
行銷企劃　劉妍伶
封面設計　周家瑤
封面攝影　宋子凡攝影工作室
版面構成　賴姵伶
內頁插圖　陳沛孺（Penny）
發行人　王榮文
出版發行　遠流出版事業股份有限公司
地址　臺北市中山北路一段 11 號 13 樓
客服電話　02-2571-0297
傳真　02-2571-0197
郵撥　0189456-1
著作權顧問　蕭雄淋律師
2022 年 10 月 31 日　初版一刷
定價新台幣 360 元

ISBN　978-957-32-9838-0
遠流博識網　http://www.ylib.com　E-mail: ylib@ylib.com
（如有缺頁或破損，請寄回更換）

國家圖書館出版品預行編目 (CIP) 資料
有溫度的溝通課：透過聲音理解對方的思維慣性，使你的表達真誠有力量 / 羅鈞鴻（小虎老師）著 . -- 初版 . -- 臺北市：遠流出版事業股份有限公司 , 2022.10
面；　公分
ISBN 978-957-32-9838-0(平裝)
1.CST: 說話藝術 2.CST: 溝通技巧 3.CST: 聲音
192.32　　111016204